COMMON SENSE Q&A

知識百科開心問答

時尚的環保知識，神祕廣闊的天文地理，充滿文化的國學藝術，
有現代人必備的金融常識，通通都在這裡！

一本簡單又輕鬆的
【百科全書】

喂…你也太輕鬆了吧！

讓您在無壓力的愉悅氣氛下，享受無窮無盡的趣味生活。

i-smart

智學堂
智慧是學習的殿堂

國家圖書館出版品預行編目資料

知識百科開心問答 / 雅瑟編著. -- 初版.
-- 新北市：智學堂文化，民102.03
面；　公分. --（青少年百科；6）
ISBN 978-986-89147-3-5(平裝)
1.常識手冊

047　　　　　　　　　　102001002

青少年百科系列：06

知識百科開心問答

編　　著 ─ 雅瑟
出 版 者 ─ 智學堂文化事業有限公司
執行編輯 ─ 林美娟
美術編輯 ─ 蕭若辰
地　　址 ─ 22103　新北市汐止區大同路3段194號9樓之1
　　　　　　TEL　（02）8647-3663
　　　　　　FAX　（02）8647-3660

總 經 銷 ─ 永續圖書有限公司
劃撥帳號 ─ 18669219
出 版 日 ─ 2013年03月

法律顧問 ─ 方圓法律事務所　涂成樞律師
CVS 代理 ─ 美璟文化有限公司
　　　　　　TEL　（02）27239968
　　　　　　FAX　（02）27239668

前言

　　人類史上發展出的學問成千上萬，只要你想細細品味，必能體會其中的雋永與美麗。

　　只可惜生命有限啊！怎樣才能快速學習百科知識的豐富寶藏呢？像這樣一本知識百科開心問答，就能簡單解決這個問題！

　　本書的功能還不只如此，朋友家人聚會時，只要翻開這本書，信手拈來就是趣味十足的遊戲題目，機會教育之餘，還可以創造家庭和諧。公司行號聚餐尾牙時，利用本書內容進行簡單的快問快答，增加無限趣味，創造團隊合作火花。閒暇獨處時，隨手翻閱本書，在毫無壓力的情境下，輕鬆吸收各種知識。

　　本書內容囊括時尚的環保話題，神祕的天文地理，充滿文化氣息的國學百科，還有現代人必備的金融常識。特別邀請博學李大師，環保小尖兵，帥氣馬蓋仙，以及天才經濟大師蒞臨現場。有了他們的加持，相信這本書將更能帶您深入知識百科的開心問答世界。

**　　這就是一本這麼簡單又輕鬆的百科全書，讓您在無壓力的愉悅氣氛下，享受無窮無盡的趣味生活。**

COMMON SENSE Q&A

PART 02

馬蓋仙的天文地理營

COMMON SENSE Q&A

COMMON SENSE Q&A

COMMON SENSE Q&A

PART 01

環保尖兵
的
低碳生活

通常你是怎麼處理洗米水的？

你知道它的妙用嗎？

洗衣機有強洗和弱洗功能，那麼，弱洗是否就比較省電呢？

新、舊電池同時接在一起用可以省電嗎？

什麼植物最適合放在室內淨化空氣？

防皺服飾在製造過程中往往加入了什麼？

在環保小尖兵的低碳生活中，你將能接觸到更多更豐富的知識，這是一個新的課題，意味著未來生存的課題，大家一起來關注吧。

是非題

電池沒電就沒用了，應該直接拿去回收對不對？

環保小天使說：

（錯）

　　各種裝置需要的電力都不一樣，比如：電力不足以驅動電動玩具的電池，還可用於手電筒照明。手電筒燈光變暗後，還可以裝在收音機裡繼續使用一段時間。收音機聲音變小了，就把電池裝進鬧鐘裡，還能夠正常運行好幾年。

空調的過濾網要經常摘下來徹底清洗，因為如果灰塵過多，就會導致空調用電增多。

環保小天使說：

（對）

　　另外，啟動睡眠功能可以節省20%的電力。空調不用時，應養成隨手關掉電源的習慣；開啟時也應儘量少開門窗，以減少室內外空氣循環，或室外熱空氣進入，有利於省電。

洗衣機有強洗和弱洗的功能，弱洗會比較省電。

環保小天使說：

（錯）

洗衣機有強洗和弱洗的功能，人們往往認為弱洗會比較省電。實際上強洗不僅比弱洗省電，還可以延長洗衣機的壽命。

把新、舊電池接在一起用比較省電。

環保小天使說：

（錯）

電池用舊了，內部的電阻增大，電壓降低，就不能再輸出較大的電流。如果把新、舊電池接在一起用，舊電池就成了電路中另一項電阻，會把電白白消耗掉，一直消耗到新、舊電池的電壓相等時才停止。因此，新舊電池不能合在一起使用。

洗米水用來刷洗碗筷，可以比自來水洗得更乾淨。

環保小天使說：

（對）

洗米水還有其他的妙用，如：用洗米水洗淺色衣服可以去污，而且令顏色鮮亮。用洗米水洗手有滋潤皮膚的作用。用洗米水漱口，可以治療口臭和口腔潰瘍。

冰箱內放的東西越少越省電。

環保小天使說：

（錯）

冰箱內放置三分之二滿的時候最能省電，冰存效果也最好。

氡氣是一種無色、無臭的氣體。據研究顯示，這種氣體被人體吸入，將會附在肺組織上破壞肺細胞，導致肺癌。氡氣多源於木質地板，這句話對嗎？

環保小天使說：

（錯）

這種氣體多源自水泥、大理石、花崗岩等。

喝剩的茶用於擦洗門窗和傢俱效果非常好。

環保小天使說：

（對）

　　隔夜茶的其他用途還有：把茶葉曬乾，鋪撒在潮濕處，能夠去潮。茶葉曬乾後，還可以裝入枕套充當枕芯，睡起來非常柔軟。把茶葉撒在地毯或地墊上，再用掃帚拂去，茶葉就能帶走全部塵土。把茶葉曬乾，放到廁所或溝渠裡熏香，可消除惡臭，具有驅除蚊蠅的功能。

空調是比較耗電的電器之一，最好在室外溫度超過30℃以上再使用。溫度設定不低於 26℃，可以使空調的耗電量減到最小。

環保小天使說：

（對）

　　冷氣每調高1℃，可節省6%以上的電力。另外把白熾燈改成暖色調的 LED 燈，這樣在同樣亮度下，用電量可減少到原來的 1/5。

廚房要保持良好的通風環境，否則瓦斯或天然氣燃燒時沒有充足的氧氣，將會耗費更多的能源。

環保小天使說：

（對）

　　節省瓦斯的前提首先要注意廚房通風。因為每使用 1 立方公尺瓦斯，需要同時耗費 25 ～ 30 倍的空氣，使用 1 立方公尺天然氣則需要 10 ～ 12 倍空氣。如果因為空氣不暢通，致使燃燒不完全產生一氧化碳，不但危害身體，還連帶降低能源燃燒所產生的能量。

傢俱中的苯、甲苯、二甲苯等揮發性有機污染物，可導致腰腿痛。

環保小天使說：

「甲醛」輕則使人患急性結膜炎、鼻炎、過敏性皮膚炎、記憶力下降等，嚴重則可致癌。「苯」、「甲苯」、「二甲苯」等揮發性有機物則會造成嗜睡、頭痛、噁心、嘔吐、胸悶感。

把魚缸裡換出來的水拿來澆花，比用其他的水澆花更有營養。

環保小天使說：

（對）

用從魚缸裡換出來的水澆花有三大好處：一水二用，可節約水資源；水中的餘氯已經揮發，用來澆花不會產生危害；魚類的排泄物可以轉成花木的有機肥料（因含量較少，不必擔心造成土壤污染）。

重金屬污染最為嚴重的食品是：

A. 蝦和貝類

B. 豬肉

環保小天使説：

（A）

　　重金屬污染主要是指海洋生物通過吸附、吸收或攝食而將重金屬蓄積在體內外，並隨活動範圍，產生垂直或水平方向的遷移，或經由浮游生物、魚類等食物鏈而逐漸擴大範圍，致使較高階海洋生物體內蓄積了高濃度的重金屬，導致危害生物本身，或由人類取食而損害人體健康。

温室效應是地球變暖的主要原因，二氧化碳是形成温室效應的主要化學物質。請問飛機飛行時產生的二氧化碳平均值是火車的幾倍？

A. 3 倍

B. 6 倍

環保小天使說：

（A）
另外，一架客機從英國飛到紐約所釋放出的二氧化碳相當於家用汽車一整年所釋放的二氧化碳！

汽車內主要污染物為揮發性有機物，其主要來源於：

A. 皮革、塑膠、黏合劑等汽車內裝材料

B. 細菌

環保小天使說：

（A）
專家建議儘量減少汽車內的裝飾，或是使用品質有保證的內裝材料。

日常生活中，使用哪種電池更環保：

A. 可充電電池

B. 乾電池

環保小天使說：

（A）

　　乾電池中的錳鋅物質為有害重金屬，萬一造成水源污染，可被植物吸收，然後藉由食物累積在人類體內，影響神經、消化、骨骼和血液系統並造成貧血。此外，錳鋅物質在人體中蓄積潛伏期長達 10～30 年，慢慢地可能引起高血壓、神經痛、骨質疏鬆、腎臟炎和內分泌失調等疾病。

剛剛使用過抗生素的牛所產出的牛奶對人體是否有影響？

A. 有影響，因為牛奶中所含的抗生素會使人產生抗藥性

B. 沒影響，因為動物用的抗生素對人類沒有消炎作用

環保小天使說：

（A）

　　抗生素是殺菌消炎的藥物，在人類體內同樣會殺死有益菌種，破壞人體菌種的均衡，且會產生抗藥性，對抗生素過敏者，會危及其生命，所以最好不要飲用剛剛使用過抗生素的牛所產出的牛奶。許多國家也有明文規定，乳製品產業在收取鮮奶時，禁止收取剛剛使用過抗生素的牛所產出的牛奶。

18

為減少「塑膠污染」我們應該：

A. 盡量不用或少用難以分解的塑膠包裝袋

B. 塑膠製品用完攪碎再丟掉

環保小天使說：

（A）

所謂「塑膠污染」是指用聚苯乙烯、聚丙烯、聚氯乙烯等高分子化合物製成的各類生活塑膠製品，使用後被棄置成為固體廢物，由於隨意亂丟亂扔並且難於分解，以致城市環境嚴重污染。

完全不含人工化學合成物的農藥、肥料、生長激素、催熟劑、家畜禽飼料添加劑的食品是下面哪種食品：

A. 有機食品

B. 綠色食品

環保小天使說：

（A）

有機食品在生產和加工過程中必須嚴格遵循有機食品的生產、採集、加工、包裝、儲藏、運輸標準，禁止使用化學

合成的農藥、化肥、生長激素、抗生素、食品添加劑、防腐劑等人工合成的化學物質，也禁止使用基因工程技術及該技術的產物及其衍生物。

綠色消費，是一種以適度、節制消費，避免或減少環境破壞，且崇尚自然和保護生態等為特徵的新型消費行為。綠色消費比傳統消費多了哪個觀念：

A. 關心個人健康和安全

B. 關心對環境的影響

環保小天使說：

(B)

綠色消費，就是鼓勵消費者在與自然協調發展的基礎上，從事既科學且合理的生活消費，提倡健康適度的消費心理，弘揚高尚的消費道德及行為規範，並藉由改變消費方式來引導生產模式的重大變革，進而調整產業經濟結構，促進生態產業發展。

在辦公室時儘量不要用：

A. 金屬杯

B. 紙杯

環保小天使説：

（B）
　　在簡單生活和理性消費的原則下，我們應該隨手做到：購物用環保袋，儘量不用塑膠袋；喝水儘量不用免洗紙杯；用餐儘量不用免洗筷；能走路儘量不坐車；回收可利用的舊物品；原子筆用完以後只要更換新筆芯就可以使用；影印紙兩面都用過才回收。

用餐時，使用下列哪種餐具對人體更健康：
A. 金屬餐具

B. 素色陶瓷餐具

環保小天使説：

（B）
　　鋁製餐具可能造成鋁在人體中累積過多，造成加快衰老的作用，且對記憶力也有不良影響。鐵製餐具的毒性雖然不大，但切忌使用生銹的鐵製餐具。銅製餐具的毒性也不大，正常人每天要補充 5 毫克銅以滿足人體需要，可是如果含銅量高，則會引起低血壓、吐血、黃疸、精神失常甚至導致肝臟部分壞死。不銹鋼餐具帶有微毒性，不銹鋼中的鎳、鈦等對人體有害。陶瓷餐具在餐具中毒性相對最小。

農業用肥儘量不要選擇哪一種？

A. 化學肥料

B. 生物肥料

環保小天使説：

（A）

生物肥料並非直接供給作物所需的營養物質，而是藉著大量活性微生物在土壤中的積極活動來提供作物營養，或是產生激素來刺激作物生長。這與其他有機肥或化肥的作用方式是不同的，這種方式對增進土壤肥沃度，提高農作物產量，改善農作物品質較具積極意義。

衣服洗淨後，最節能的乾衣方法是哪一種？

A. 用烘衣機快速烘乾

B. 自然晾乾

環保小天使説：

（B）

另外，洗衣機最後一道漂洗的水可用做下一批衣服的洗滌水來使用，一次可以省下 30 ～ 40 公升的清水。除此之外洗滌水也可用來拖地、洗拖把或沖馬桶。

小孩子做作業時寫了錯字，最好不要用什麼修正？

A. 修正液

B. 修正帶

環保小天使説：

（A）

　　修正液中含有一些有害化學成分，長期使用可能對肝臟、腎臟等造成長期的慢性危害，甚至還會引起白血病等病症。此外各種各樣的化合物對眼睛也會產生過強的刺激，經常使用會造成流眼淚、眼睛發紅，甚至有些人還會噁心、嘔吐、渾身不舒服，造成更嚴重的長期危害。

在室內使用蚊香，不適宜選用哪一種？

A. 有煙蚊香

B. 電蚊香

環保小天使説：

（A）

　　大多數蚊香的有效成分是除蟲菊以及有機成分、黏合劑、染料和其他添加劑等，因此燃燒蚊香冒出的煙裡，含有許多對人體有害的物質，可能誘發哮喘等疾病。

過度使用生長激素催生瓜果蔬菜的結果是：

A. 使它們的營養價值更高

B. 造成人類發育異常

環保小天使說：

（B）

　　食物中普遍存在的激素和抗生素，不但會誘發人類癌症和各種相關疾病，而且還會與殺蟲劑、洗滌劑等形成「環境荷爾蒙」，使人類出現雄性退化，精子減少，雄雌性畸形和不孕等症狀。

小王要去買月餅，身為環保小尖兵的你，從有利於環境保護的角度思考，你會建議他買哪一種包裝？

A. 豪華包裝

B. 簡易包裝

環保小天使說：

（B）

　　月餅的外包裝再漂亮，最終還是會被丟進垃圾桶。加上這些都是難以分解的塑膠，不但造成資源浪費，還會破壞環

境。月餅包裝只是裝飾品，卻要造成如此大的資源浪費，實在是不應該。

塑膠在自然界可停留多久？

A. 100～200 年

B. 10～50 年

環保小天使説：

（A）

塑膠在自然界中可停留 100～200 年；皮革可停留 50 年；玻璃則可停留 1000 年。這些廢棄物品成為生活垃圾，佔用自然空間，成為公害。

下面哪種方式不能避免空調病？

A. 每天打開門窗通風換氣

B. 選用環保空調、健康空調

環保小天使説：

（B）

避免空調病的方法就是少開空調，多利用自然風降低室內溫度，適量流汗更是預防要訣。室溫宜定在 24 度左右，室內外溫差不宜超過 7 度。因為溫差過大，易傷身致病。

蜂蜜不宜在下面哪種容器中存放？
A. 玻璃瓶

B. 鐵罐

環保小天使説：

（B）

有的人習慣用鐵罐盛裝蜂蜜，以為這樣密封性較好。其實恰恰相反，這樣存放蜂蜜不僅營養成分會受到破壞，而且人在食用後易引起噁心、嘔吐等中毒症狀。這是因為蜂蜜中含有 0.2% ～ 0.4% 的有機酸和碳水化合物，這兩種酸性物質在人體所產生的酶交互作用下，部分轉變為乙酸。當蜂蜜長期貯存在金屬器皿內，這種乙酸就會使鍍鋅的鐵皮腐蝕脫落，因此增加了蜂蜜中的鉛、鋅、鐵等金屬含量，使蜂蜜變質。因此不宜用金屬器皿盛放蜂蜜。

聯合國於西元幾年發表了《人類環境宣言》？
A. 1972

B. 1973

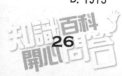

環保小天使説：

（A）
　　1972 年 6 月聯合國在瑞典首都斯德哥爾摩召開了第一次人類環境與發展會議，發表了人類環境宣言。

隨著綠色消費運動的發展，全球已逐漸形成下列哪一種生活風尚？

A. 追求時尚破壞環境

B. 保護環境崇尚自然

環保小天使説：

（B）
　　人類的環境保護意識始於 60 年代末、70 年代初，到了 80 年代末才形成高潮。1992 年 6 月聯合國在里約熱內盧召開了「聯合國環境與發展大會」並通過了《21 世紀議程》，從此世界進入「保護環境，崇尚自然，並持續發展」的嶄新階段。於是人們說 90 年代是世界綠色時代，也就是崇尚環保的時代。

化妝品其中的輔助原料如：色素、防腐劑、香料等，都可能含有有害物質。尤其是具有特殊功效的化妝品，如：增白、祛斑的化妝品中，可能含有什麼樣的重金屬，該物質對人體有害？

A. 對苯二酚

B. 汞

環保小天使說：

（B）

　　某些美白祛斑的化妝品利用人們希望在短時間內變美的心態，喊出「只要幾天」就能明顯感受變化的口號。這些產品之所以能迅速美白，主要是因為其中含有汞或含汞化合物等有害成分，其毒性不容忽視。這些有毒成分可經皮膚吸收蓄積在人體內，引起慢性汞中毒，嚴重者還可導致牙齒及肝腎功能的損害。

世界糧食日是哪一天？

A. 10 月 16 日

B. 5 月 6 日

環保小天使說：

（A）

世界糧食日（World Food Day，縮寫 WFD）是在 1979 年 11 月所舉行的第 20 屆聯合國糧食及農業組織（簡稱「聯合國糧農組織」）大會決議中確定的，它的宗旨是喚起世界對發展糧食和農業生產的重視。

世界人口日是哪一天？
A. 7 月 1 日
B. 7 月 11 日

環保小天使説：

（B）

1987 年 7 月 11 日，世界人口達到 50 億。為了引起國際社會對人口問題更深切的關注，聯合國人口基金會將每年的 7 月 11 日定為「世界人口日」，要求各國政府及民間團體在此期間展開相關活動。

哪種嗜好對孕婦和胎兒健康無害？
A. 吸菸
B. 下棋

環保小天使説：

（B）

孕婦吸菸不但對胎兒造成很大的傷害，對其自身也十分不利。有報導指出，吸菸的孕婦在分娩時出現胎盤剝離、出血、提早破水等併發症的機率，比正常產婦高出 1 ～ 2 倍。寵物身上的寄生蟲和弓形體也會導致胎兒畸形，而這些寄生蟲只要是與寵物親密接觸就會傳播到人身上，因此孕婦在懷孕前三個月就應該避免與寵物接觸。

防皺服裝在製造過程中往往加入了：

A. 甲醛

B. 黃麴黴菌

環保小天使説：

（A）

布料為了達到防皺、防縮、阻燃等作用，或為了保持印花、染色的持久性，並改善觸感，就需添加甲醛。目前使用甲醛作為印染輔助劑的布料多為純棉紡織品，因為純棉紡織品更容易產生皺紋，使用含甲醛的輔助劑能提高棉布的硬挺度，所以我們穿的衣服經常會含有甲醛。

兒童房的相對濕度應保持在百分之多少？

A. 10%以下

B. 30%～70%之間

環保小天使說：

（B）

　　科學研究指出，人類生活在相對濕度 45% ～ 65%的環境中最感舒適，也不容易引發呼吸系統疾病。

以下爐灶哪種污染較小？

A. 柴火灶

B. 電磁爐

環保小天使說：

（B）

　　電磁爐由於是電力加熱的方式，沒有燃料殘漬和廢氣污染的問題，因而鍋具非常清潔，使用多年仍可保持鮮亮如新，使用後用水沖洗即可。而電磁爐本身也很好清理，沒有煙薰的痕跡。

以下哪種購物方式最有利於環保？

A. 用商家提供的塑膠袋

B. 自備購物袋

環保小天使説：

（B）

減少塑膠污染首先要從源頭做起，最有效的方法是減少各類塑膠包裝物的使用。所以購物最好自備購物袋，少用塑膠袋。

哪種方法是節約用水的好辦法？

A. 用公家的水

B. 在馬桶水箱裡放一個裝滿水的寶特瓶

環保小天使説：

（B）

除此之外，洗手時把水龍頭的水接起來，洗滌蔬菜水果。洗碗時也一樣，用過的水存下來還可以用來澆花或沖馬桶。

以下哪種退去家禽羽毛的方法對人體無害？

A. 熱水退毛

B. 瀝青退毛

環保小天使說：

（A）

　　松香、瀝青是很常見的化學原料，主要用於油漆、造紙、橡膠等工業。退毛用的松香、瀝青本身對人體危害不大，但回鍋重複使用，經過高溫後產生的松香、瀝青裡卻含有鉛等重金屬和有毒化合物，這些化合物會污染禽畜肉，食用後對人體有毒性。特別是松香、瀝青在氧化後產生的過氧化物會嚴重損害人體的肝臟和腎臟。松香在高溫情況下還會發生氨解反應，產生大量氨氣，損害操作者的身體健康，同時污染周圍環境。

以下哪種建築材料放射性較高？

A. 大理石

B. 花崗岩

環保小天使說：

（B）

由於產地、地質結構和生成年代不同，各種石材的放射性也不同。從相關檢測結果看來，其中花崗岩的放射性超標較多。

以下哪種植物最適合放在室內用來淨化空氣？

A. 含羞草

B. 吊蘭

環保小天使説：

（B）

一盆吊蘭在一間 30 坪左右的房間裡就等於是一個空氣清淨器，它可以在 24 小時內，殺死房間裡 80% 的有害物質，吸收掉 86% 的甲醛。利用花卉植物淨化室內環境時應注意，不要使用一些花草香味過於濃烈，會讓人難受甚至產生不良反應的植物，如：夜來香、鬱金香、五色梅等花卉。有的觀賞性花草含有毒性，應注意擺放地點，如：含羞草、一品紅、夾竹桃、黃杜鵑等花草。

處於孕期哪一階段的孕婦用藥不當最容易造成胎兒畸形？

A. 8 周以內

B. 12 周以後

環保小天使說：

（A）

孕婦在懷孕前 3 個月和分娩前 3 個月，用藥特別要注意。受精卵形成後的最初 3 個月，胎兒的各個器官、系統尚未完全成形，最易受藥物毒害，而造成發育不完全。這段期間內如果孕婦服用抗腫瘤藥物，可能引起胎兒眼、面及腦部畸形，生出無腦、腦積水或唇顎裂的胎兒。另外雄激素可能引起女胎男性化，反之雌激素則會使骨骼系統畸形等等。

世界無煙日是哪一天？

A. 5 月 21 日

B. 5 月 31 日

環保小天使說：

（B）

1987 年 11 月，聯合國世界衛生組織建議將每年的 4 月 7 日定為「世界無煙日」（World No Tobacco Day），並於 1988 年開始執行。但因 4 月 7 日也是世界衛生組織成立的紀念日，每年的這一天世界衛生組織都會提出一項與保健相關的主題。為了不模糊主題，世界衛生組織決定從 1989 年起將每年的 5 月 31 日定為世界無煙日。

世界水資源日是哪一天？
A. 3 月 22 日
B. 4 月 22 日

　　環保小天使說：

（A）

　　為了緩解世界水資源供需衝突，根據聯合國《21 世紀議程》第 18 章有關水資源保護、開發、管理的原則，在第 17 次大會中通過了決議，決定從 1993 年開始，訂定每年的 3 月 22 日為「世界水資源日」。此項決議提請各國政府根據自己的國情，在這一天內開展一些具體的宣傳活動，以提高公眾意識。

以下食品中鉛含量最高的是：

A. 黃瓜

B. 皮蛋

C. 麵包

環保小天使説：

（B）

　　傳統的皮蛋在醃製過程中，常在浸漬液裡添加鉛或銅等重金屬，使蛋白質凝固。過去在製作皮蛋的過程中，有些廠商會添加氧化鉛，容易造成大量鉛殘留。後來製造商研發出更好的製作過程，不再使用有害的氧化鉛。相關單位也訂出皮蛋的含鉛量標準，讓民眾不但能夠吃得美味，也吃得健康。所謂的「無鉛皮蛋」並不是不含鉛，而是指含鉛量低於標準，對人體影響不大。

能提高身體排毒能力的食品是：

A. 高蛋白、高熱量、高脂肪的食品

B. 粗糧、豆類、海藻

C. 各種飲料

環保小天使説：

（B）
粗糧含有豐富的膳食纖維，有利於保障消化系統正常運轉，可降低血液中低密度膽固醇和三酸甘油酯的濃度，增加食物在胃裡的停留時間，延遲飯後葡萄糖（血糖）吸收的速度，降低罹患高血壓、糖尿病、肥胖症和心血管疾病的風險。

下面哪種行為模式較利於孕婦及胎兒健康？

A. 多看電視

B. 用電熱毯

C. 多聽音樂

環保小天使説：

（C）
孕婦聽音樂的同時，胎兒也在「欣賞」音樂。因為孕期胎兒的身心正處於迅速發育期，多聽音樂對右腦發育有利，越早接受音樂教育，就能越早開發並利用右腦，在音樂氣氛中學習和生活，對孩子智力的發育有很大的益處。

車諾比核電廠事故中主要是什麼物質外泄造成嚴重後果的？

A. 化學物質

B. 細菌

C. 放射性物質

環保小天使說：

（C）

1986 年 4 月 26 日，當時蘇聯的車諾比核能發電廠第四反應爐發生爆炸，釋放了大量放射性物質。這些物質進入大氣層，主要沉積在歐洲國家、白俄羅斯、俄羅斯和烏克蘭等廣大地區。

喝水時應選擇哪種水最經濟健康？

A. 白開水

B. 純淨水

C. 蒸餾水

環保小天使說：

（A）

白開水能提高內臟中乳酸脫氫酶的活性，有利於快速降低累積在肌肉中的乳酸，可以消除疲勞，使人精神煥發。

綠地在環境保護中具有什麼樣的重要作用。

A. 吸收二氧化碳產生氧氣

B. 吸收二氧化硫產生氧氣

C. 吸收一氧化碳產生氧氣

環保小天使説：

（A）

綠地的用處很多：吸收二氧化碳，為生物創造氧氣；在行光合作用的過程中，吸收太陽能輻射，降低環境溫度，改善熱島效應；抓住泥土，減少土壤流失；綠地中生長著許多生物，維護生態平衡。

以下説法那種是錯誤的？

A. 用過的免洗餐盒應該要洗淨回收

B. 易開罐溶解後可以 100% 無數次回收再造成新罐

C. 玻璃無法回收利用

環保小天使説：

（C）
廢棄的玻璃產品可重新加工製造成其他物品，這種產業又被稱為玻璃陶瓷產業（又稱微晶玻璃）。

洗衣時，下列哪種洗滌用品最環保：

A. 洗衣粉
B. 洗衣精
C. 肥皂

環保小天使説：

（C）
洗衣粉的主要成分是烷基苯磺酸鈉，具有很好的去污作用，使用又很方便，所以深受人們喜愛。但洗衣粉具有一定的毒性，即使少量的洗衣粉進入體內，也會對人體的酶產生強烈的抑制作用。洗衣粉侵入人體，在血液循環過程中不僅會破壞紅血球的細胞膜導致溶血，還會侵犯胸腺，使胸腺發生損傷，導致人體抵抗力下降等。

養殖廢水應採用何種處理方式。

A. 直接進入農田

B. 直接排入湖中

C. 進入廢水管理系統

環保小天使說：

（C）

養殖廢水主要是排泄物，一般需經廢水管理系統處理之後再做利用，直接排放容易造成污染。

關於食品添加物，以下哪種說法是不正確的？

A. 食品添加物可以改變食品的色、香、味，但應限量使用

B. 食品添加物價格低廉，應該用來代替高價原料

C. 嬰幼兒應儘量少吃果凍、蜜餞、飲料等含有食品添加物的食物

環保小天使說：

（B）

超量或違規使用食品添加物對人體健康危害十分嚴重。例如：過量攝入防腐劑有可能導致癌症，雖然在短期內不一定產生明顯的症狀，但一旦致癌物質進入食物鏈，反覆循環、

長期累積，不僅影響食用者本身健康，對下一代也有很大的危害。再比如：過量攝入色素會造成人體毒素沉積，對神經系統、消化系統等都可造成不同程度的傷害。

剛買回來的蔬菜，最好在少量流動的清水下浸泡多久才可除掉大部分殘留農藥？

A. 1～5 分鐘

B. 10～20 分鐘

C. 30 分鐘以上

環保小天使說：

（B）

買回來的蔬菜食用前先在少量流動的清水下浸泡 10～20 分鐘，最後用清水沖洗乾淨。也可用洗米水浸泡。

濕地保護是環境保護的重要領域之一，是國際自然保護的一個重點。世界濕地日為每年的幾月幾號？

A. 3 月 12 日

B. 5 月 2 日

C. 2 月 2 日

環保小天使説：

（C）

　　濕地與森林、海洋並稱為全球三大生態系統，被人們比喻為「地球之腎」。1996 年 10 月國際濕地公約常委會決定將每年 2 月 2 日定為世界濕地日。利用這一天，各國政府機構、組織都會舉辦大大小小的行動來提高公眾對濕地價值和效益的認識。

食用下列哪種食品對人體更安全健康？

A. 燻魚肉

B. 烤肉

C. 燉肉

環保小天使説：

（C）

　　燒烤食物和燻製食品如烤牛肉、烤鴨、烤羊肉串、燻肉、燻肝、燻魚等，因含有強烈致癌物，經常食用易患食道癌和胃癌，不宜多吃。

以下哪種說法是不正確的？

A. 染髮容易引起皮膚炎，甚至可能導致白血病、惡性淋巴腫瘤等疾病。

B. 越常用持久性或色彩較濃豔的染髮劑，患惡性腫瘤的危險性就越大。

C. 氧化型染髮劑對健康沒什麼損害。

環保小天使說：

（C）

染髮劑經常含有對苯二胺，這是有毒的化學品，也被用來製造農藥，是國際公認的有害物質。在染髮過程中有害物質通過皮膚毛囊進入血液到達骨髓，會引起皮膚癌、膀胱癌、白血病等疾病，極度過敏可導致死亡。據統計，長期染髮者的發病率比不染髮的人高 3.8 倍。

關於農產品污染問題，以下說法哪種是正確的？

A. 農產品污染的唯一因素是農藥和化肥的污染

B. 被蟲咬過的蔬菜證明沒有農藥，可以放心食用

C. 長期過度使用氮肥會導致土壤中的硝酸鹽含量增高

環保小天使說：

（C）

造成農產品污染的主要因素有三：一是高毒性農藥使用過量；二是工業廢棄物的排放，或用污水灌溉農田，使土壤中某些重金屬元素偏高，造成農產品有害成分超標；三是添加物、消毒劑的使用不當，造成肉類、水產類中驗出有害成分；四是病蟲害、禽流感等所帶來的污染。

以下哪種行為模式不符合環保要求？

A. 拒絕豪華包裝

B. 吃不了，兜著走

C. 多用免洗筷子、餐盒、尿布等

環保小天使說：

（C）

　　免洗用品為人們帶來方便，卻為生態環境留下昂貴的代價。不僅浪費地球資源，同時也帶來垃圾過量的問題。減少使用免洗餐具，多多自備環保碗筷，減少資源的浪費，應成為新的社會風氣。

使用哪種廚具烹調食品可產生一種無機物，與胃酸反應後形成人體容易吸收的鐵鹽，還能因此提高造血機能，使紅血球增多，有益於健康。

A. 不沾鍋

B. 鐵鍋

C. 鋁鍋

環保小天使説：

(B)

鐵鍋是常用的炊具，主要用於炒鍋，其化學性質穩定，不易引起化學反應。用鐵鍋炒菜時要急火快炒少加水，以減少維生素的損失，炒菜時溶解出來的少量鐵元素，可被人體吸收利用，對健康有益。

哪些顏色豔麗的陶瓷餐具，在遇熱或在酸、鹼環境中浸泡容易導致重金屬溶出？

A. 汞

B. 鐵、鋅

C. 鉛、鎘

環保小天使説：

（C）

　　陶瓷餐具色彩斑斕的美麗外衣裡可能隱藏著有害物質，尤其是在不符合標準的工廠中生產的陶瓷餐具，其鉛、鎘等重金屬含量嚴重超標，直接威脅消費者的健康。根據專家的研究指出，造成這些餐具不合格的原因是這些廠商使用了劣質的原料，造成重金屬超標。再者，為了使釉彩顏色鮮豔，在釉彩裡加入一些重金屬添加劑，因此顏色越鮮豔的陶瓷餐具，重金屬就越容易超標。

以下哪種物品不含破壞臭氧層的有害成分？

A. 噴霧型清潔劑

B. 殺蟲劑

C. 牙膏

環保小天使説：

（C）

　　臭氧層的破壞，又被稱為「臭氧層損耗」。首先發現這個現象的是英國科學家，於 1984 年在南極上空發現了破洞。此後相繼又在北極和歐洲出現了臭氧層破洞。造成原因除了農工業和空運業高速發展，致使大量的氮氧化物和其他有害氣體進入臭氧層，也有因製冷劑、除臭劑和噴發劑，如：噴霧型清潔劑和殺蟲劑中所含大量氯氟烴化合物進入臭氧層，造成臭氧層的濃度降低，而出現了空洞。

以下哪種塗料環保性能較差？

A. 水溶型

B. 有機溶劑型

C. 高固體含量型

環保小天使說：

（B）

傳統的低固體含量溶劑型塗料約含50%的有機溶劑。這些有機溶劑在塗料的製造及施工階段產生污染排入大氣，危害人體健康。

裝修房子時，下列行為中不屬於綠色消費的是：

A. 優先考慮健康安全，其次再考慮價格

B. 選擇「綠色」建材，如水性塗料、節水器具等

C. 裝修過程中噪音過大

環保小天使說：

（C）

綠色消費包括的內容非常寬泛，不僅是綠色產品，還包括資源的回收利用、能源的有效使用、對生存環境和物種的保護等，可以說涵蓋的範圍擴及生產和消費等各種行為模式。

駕駛汽車時，時速 80 公里要比時速 110 公里節省多少燃料？

A. 5%

B. 15%

C. 25%

環保小天使說：

（C）

　　除此之外，一般來說塞車只要超過 5 分鐘都應熄火等待。專家的測量結果指出，怠速狀態下每分鐘耗油 5 克。

何種開水對健康有益？

A. 反覆燒開的水

B. 擱置三天以上的開水

C. 自然冷卻到攝氏 20 ～ 25 度的溫涼白開水

環保小天使說：

（C）

　　反覆燒開的水含亞硝酸鹽，進入人體後生成致癌的亞硝酸胺，而且常喝這種水容易形成腎結石。擱置三天以上的水

稱為老化水，俗稱死水，這種水容易繁殖細菌和微生物，硝酸鹽含量也超標，容易會引起各種不同程度的倦怠、乏力、失水、昏迷、全身青紫、血壓下降、腹痛、腹瀉、嘔吐，日久還有可能引起惡性疾病。

LED 燈比普通燈泡節約百分之幾的電能，又比普通燈泡耐用多少倍？

A. 60% 和 4 ～ 6 倍

B. 30% 和 8 ～ 9 倍

C. 75% 和 5 ～ 10 倍

環保小天使說：

（C）

一般鎢絲燈消耗的能源中，有 90% 都會變成熱能，只有 10% 轉化為光。而用 LED 燈既可使屋內光線充足，又可節省 75% 的電力，並且比普通燈泡耐用 5 ～ 10 倍。

氡氣最可能會造成的人體疾病是什麼？

A. 近視

B. 肺癌

C. 腳氣

環保小天使説：

（B）

氡氣屬放射性物質，主要存在於建築水泥和大理石以及泥土中。氡氣會導致肺癌。

多用途清潔劑、衛浴清潔劑、水管清潔劑及玻璃清潔劑等合成清潔劑的主要原料來自哪裡？

A. 石油

B. 動物脂肪

C. 浮游微生物

環保小天使説：

（A）

合成清潔劑的原料相對較便宜。製造合成清潔劑的主要原料是石油，而製造肥皂的主要原料是油脂，石油比油脂更價廉易得。

人造建材中釋放的有害氣體主要是：

A. 氨氣

B. 甲醛

C. 氡氣

環保小天使說：

（B）

據專家指出，市場上的人造建材，普遍使用尿素甲醛樹脂膠合劑，會釋放出甲醛。尤其一些品質低劣、價格便宜的人造建材，經常出現這種情況，以致使用中釋放出大量甲醛，污染環境。

人工合成色素的原料大部分是：

A. 植物

B. 煤焦油

C. 動物脂肪

環保小天使說：

（B）

食用色素依照來源可分為兩大類，分別是天然色素和人工色素。天然色素多半來自植物或動物，而人工合成的食用色素則是法定可食用的煤焦油。人工食用色素，能溶於水和油類，能耐高溫，不容易氧化，多數是分子比較大的芳香化合物。人吃了一般不能消化，也沒有什麼營養價值，只是增進食物的色香味，使人看了增進食欲。如過量食用則可能導致癌症。

隨著生活水準的提高，染髮和燙髮的人越來越多，但患有何種病症的人應儘量減少燙髮和染髮的頻率。

A. 皮膚過敏

B. 關節炎

C. 胃病

環保小天使說：

（A）

燙髮會導致頭髮中蛋白質和水分的流失，而不當使用染髮劑，不僅會引起皮膚過敏、髮質改變或頭髮脫落，還可能因頭皮吸收了有毒物質而造成肝、腎功能的損傷。

以下哪種生活既「時尚」又有利於環保？

A. 穿羊毛衫

B. 用紅木傢俱

C. 以步行或搭乘大眾運輸工具代替開車

環保小天使說：

（C）

以英國為例，大約四分之一的二氧化碳排放量來自運輸

54

業，公路運輸又占了其中的絕大部分。由於汽車總量增加，交通越來越擁擠，汽車廢氣排放量不斷增加，環境顧問瓊安娜‧亞羅建議：「如果你需要自己駕車，那就把車速放慢。時速 50 英哩比時速 70 英哩節省 25% 的燃油。」當然，更好的辦法就是搭乘大眾交通工具。

LED 燈每開關一次，使用壽命大約降低幾小時左右。

A. 3
B. 4
C. 5

環保小天使說：

（A）

　　LED 燈在開啟 5 分鐘之後，才能完全進入工作狀態，達到真正的亮度和節能效果。所以在使用 LED 燈時不要頻繁開關，否則不但達不到節能的效果，還會縮短 LED 燈的使用壽命。每開關一次，燈的使用壽命大約降低 3 小時左右。

以下哪種食品中所含致癌物質最多？

A. 水煮魚

B. 烤羊肉串

C. 炒麵

環保小天使説：

（B）

燒烤食物：烤牛肉、烤鴨、烤羊肉、烤鵝、烤乳豬、烤肉串等，因含有強烈致癌物，不宜多吃。

人們比較適應的聲音強度為：

A. 0～10 分貝

B. 15～35 分貝

C. 60～80 分貝

環保小天使説：

（B）

據醫學專家介紹，人類適宜生存在 40 分貝以下的環境中，也就是環境噪音不超過人們正常講話的音量。聲音平均每提高 3 分貝，噪音能量就會增強一倍。而當超過 50 分貝時，長時間處在這種環境裡，人的神經系統就會受到影響。

平時經常威脅到皮膚健康的空氣除了汽車廢氣、吸煙形成的煙霧，還有下列哪一樣？

A. 廚房油煙

B. 沼氣

C. 天然氣

環保小天使説：

（A）

油煙顆粒容易堵塞皮膚毛孔，導致皮膚乾燥粗糙，出現皺紋、色斑。

世界環境日是哪一天？

A. 6 月 8 日

B. 6 月 5 日

C. 4 月 22 日

環保小天使説：

（B）

1972 年 6 月 5 日在瑞典首都斯德哥爾摩召開《聯合國人類環境會議》。此會議通過《人類環境宣言》，並提出以每

年的 6 月 5 日為「世界環境日」。同年 10 月，第 27 屆聯合國大會通過決議並接受了該項建議。

雖然已關機，但未拔下電源插頭的電視機、電腦、音響、洗衣機等家用電器，在待機狀態所耗電量，約占家庭總耗電量的百分之幾？

A. 5%

B. 15%

C. 25%

環保小天使説：

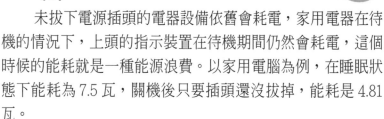

（B）

　　未拔下電源插頭的電器設備依舊會耗電，家用電器在待機的情況下，上頭的指示裝置在待機期間仍然會耗電，這個時候的能耗就是一種能源浪費。以家用電腦為例，在睡眠狀態下能耗為 7.5 瓦，關機後只要插頭還沒拔掉，能耗是 4.81 瓦。

熊貓的主要棲息地在中國大陸，因棲息地遭到破壞、環境污染，以及原本生育率就低，還有對生存環境的要求極高，致使繁衍出現危機。臥龍自然保護區對於熊貓的生存環境及研究很有成就，請問臥龍自然保護區位於中國大陸哪一省？

A. 四川

B. 甘肅

C. 雲南

D. 西藏

環保小天使説：

（A）

　　臥龍自然保護區位於四川省汶川縣西南部的邛崍山脈東南坡。保護區創立於 1963 年，面積 20 萬公頃，是中國大陸最早建立的國家級保護區之一。2008 年汶川地區發生芮氏 8 級的大地震，致使臥龍保護區嚴重受損，保護區內的熊貓陸續轉移到臨時基地安置，直到重建完成後才陸續回到臥龍保護區。

我們常說的噪音污染是以下哪一項？

A. 90dB 以上

B. 80dB 以上

C. 50dB 以上

D. 30dB 以上

環保小天使說：

（B）

噪音污染是指噪音的音量超過規定的標準，並干擾他人正常工作、學習、生活的現象。噪音雖然不致死，卻能危害人類的健康。世界各國都很重視噪音問題，並把噪音污染列為主要的環境污染公害之一。

水銀電池中所含的什麼物質對人體有害？

A. 汞

B. 鎘

C. 鉛

D. 都是

環保小天使說：

（A）
　　普通電池包括水銀電池、鋅錳電池和鹼性電池，這類不可充電的電池多含有汞。有些充電電池則含有重金屬鎘。汽車廢電池中含有酸和重金屬鉛。

被列為世界十大環境問題之首的是：

A. 水污染

B. 土地沙漠化

C. 大氣污染

D. 垃圾污染

環保小天使説：

（B）
　　世界十大環境問題是：酸雨污染，全球暖化，臭氧層破壞，土地沙漠化，森林面積減少，物種滅絕，水資源危機，水土流失，垃圾問題，城市空氣污染。其中土地沙漠化居十大環境問題之首。土地沙漠化是由於乾旱地區、半乾旱地區和具有乾旱問題的半濕潤地區土地發生退化，致使草原、牧場和林地的生物或經濟生產力逐漸喪失。由此可見，沙漠化是最為嚴重的自然災害之一。

盡量少穿化學纖維布料，多穿天然纖維製成的衣服有益於人體健康。請問以下不屬於天然纖維的是：

A. 棉麻

B. 真絲

C. 冰絲

D. 天然彩棉

環保小天使說：

（C）

　　冰絲產品是由天然棉皮經科學技術提煉而成，具有透氣性好，自動調濕，日照升溫慢等特點。彩棉顧名思義就是一種彩色的棉花，它是在國外率先研製成功的。由於在生產過程中沒有使用化學農藥和肥料，因此避免了化學藥劑對環境的破壞。

配戴心律調整器的人不可以穿哪種衣服？

A. 棉製衣服

B. 絲綢衣服

C. 遠紅外線衣服

D. 竹炭衣服

環保小天使説：

（C）

配戴心律調整器的病人絕對不可穿遠紅外線衣服，否則萬一磁場干擾了心律調整器，就會造成生命危險。

城市噪音污染主要來自以下哪一點？

A. 交通運輸和工業生產

B. 人聲嘈雜

C. 商業活動

D. 動物鳴叫

環保小天使説：

（A）

根據世界衛生組織調查，全球噪音污染已經成為影響人們身體健康和生活品質的嚴重問題，不但影響聽力，而且還可導致高血壓、心臟病、記憶力衰退、注意力不集中及其他精神疾病。並根據研究指出，城市噪音污染的來源最主要是交通和工業生產所產生的噪音污染。

人能忍受的最高噪音是幾分貝？

A. 九十分貝

B. 一百分貝

C. 一百二十分貝

D. 一百三十分貝

環保小天使說：

（C）

　　低聲耳語時約為 30 分貝，大聲說話為 60～70 分貝。分貝值在 60 以下為無害區，60～110 為過渡區，110 以上是有害區。汽車噪音為 80～100 分貝，電視機的音量可達 85 分貝，人們長期生活在 85～90 分貝的噪音環境中，就會因為噪音而出現疾病。電鋸的聲響是 110 分貝，噴射機的聲音約為 130 分貝，當聲音達到 120 分貝時，人耳便會開始感到疼痛。

與地球上的大氣系統、水系統、生物系統緊密連結，並成為能量調節者的是以下哪個選項？

A. 大氣環流

B. 水循環

C. 人類活動

D. 動物

環保小天使説：

（B）
　　水循環是指自然界的水在水系統、大氣系統、岩石層、生物圈之間通過各個環節連續運動的過程。水循環能使這四大系統緊密連結，並進行能量交換。

一個國家森林覆蓋率達到百分之幾並能分佈均衡，就能達到防禦自然災害，令農業穩定發展的初步作用？

A. 20%

B. 25%

C. 30%

D. 40%

環保小天使説：

（C）
　　生態學家指出：一個國家的森林覆蓋率只要達到 30% 左右，發生重大自然災害的機率就會減少。如果能達到 40%，生態環境相對比較好。如果能達到 60%，那麼這個國家將成為一個風調雨順、美麗富饒的花園之國。

下列哪一項屬於不可再生能源？

A. 水

B. 煤

C. 太陽能

D. 地熱能

環保小天使說：

（A）

　　能源分為可再生能源和不可再生能源。比如：煤及石油是古代動植物在長期地質運動作用下形成的，每多開採一點蘊含量就會減少一點，屬於不可再生能源。而像太陽能、風力、地熱或從綠色植物中萃取的酒精等，則屬於可再生能源。

世界衛生組織曾宣佈，存在於炸薯條、披薩、烤豬肉、水果甜品上的棕色脆皮等食品中含有什麼致癌物質？

A. 蘇丹紅

B. 硫氧化物

C. 苯

D. 丙烯醯胺

環保小天使說：

（D）

世界衛生組織和聯合國糧農組織聯合發出警告，含有致癌毒素——丙烯醯胺的食品會嚴重危害人體健康，這種致癌毒素尤其存在速食中。在針對油炸薯條、比薩餅、烤豬肉與水果甜點的棕色脆皮，以及大量油煎油炸速食品所進行的檢驗結果顯示，有些品牌食品中含有丙烯醯胺的量甚至超過標準 400 倍。

一個包括池塘、草地、森林的區域可用以下哪個選項稱呼？

A. 生態群落

B. 生態系統

C. 生態平衡

D. 生態集合

環保小天使說：

（C）

生態平衡所代表的，除了區域內生物種類（即生物、植物、微生物）的組成和數量比例相對穩定之外，另一方面也包括非生物環境（空氣、陽光、水、土壤等）的相對穩定。

生態平衡是一種動態平衡，比如：生物個體雖然會不斷發生更替，但總體來說系統仍然保持穩定，且生物數量也沒有劇烈變化。

以下衣物中，哪一類通常對人體健康影響最大。

A. 外衣

B. 帽子

C. 內衣

D. 鞋子

環保小天使說：

（C）

所有衣物中，內衣對人體的健康影響最大，所以要多穿天然纖維材料的衣服。

清潔劑一般分為哪幾種？

環保小天使說：

清潔劑一般分為三種。

第一種是含氧清潔劑，用於清潔餐具和蔬果；

第二種是含氯清潔劑，主要用於衣服的漂白和瓷磚、排水管的清潔；

第三種是以鹽酸為主要成分的含酸清潔劑，多用於浴室除垢和清潔。

現代家庭洗衣應做到哪幾點才叫做環保？

環保小天使說：

（1）要控制洗衣粉的用量；（2）儘量戴上手套，避免皮膚過度接觸洗衣粉；（3）最好用無磷、無苯、無螢光增白劑的肥皂絲代替洗衣粉。

大氣污染源主要有幾種？

環保小天使説：

主要有三種，一是生活污染，如：城鄉居民取暖、煮飯所消耗的各種燃料，或是電器用品向大氣層排放的污染物；二是工業污染，如：工業生產所用燃料廢棄物；三是交通污染，如：各種交通運輸工具所排放的污染。

生物性污染主要是指由什麼所引起的疾病和食物中毒。

環保小天使説：

細菌和病毒

物理性污染指的是什麼？

環保小天使説：

物理性污染乃是指放射性污染。

70

什麼是水污染？

環保小天使説：

排放進入江河湖海等水體的污染物，當排放量超過水體自淨能力，導致水質逐漸變壞，就會構成水污染。

為什麼不能用印刷品來包裹食品？

環保小天使説：

印刷品的油墨中除了含有毒性很強的多氯聯苯以外，還含有重金屬鉛。

化學性污染是指什麼性質的污染？

環保小天使説：

指濫用高毒性、高殘留性的農藥和化學肥料，或濫用生長激素、抗生素和飼料添加劑，或是重金屬所造成的污染。

PART 02

馬蓋仙
的
天文地理營

人在月球上走路會覺得比較輕鬆還是比
較沉重？
月蝕只可能發生在哪個時間？
如果有人對你說「漢白玉就是石頭」，
你會認同他的說法嗎？
比長江還要長的河流是哪條？
智利被稱為蛇國難道是因為蛇多嗎？
在馬蓋仙的天文地理營裡，你將能學到
天地間的各種知識，讓我們一起進入這
個充滿趣味的神祕世界吧。

被稱為「瓷器之都」的是景德鎮。

馬蓋仙不臭蓋：

（對）
景德鎮是一座歷史悠久的江南名城，漢唐以來即以盛產陶瓷而著稱，宋代以後與漢口鎮、佛山鎮、朱仙鎮並列為全國四大名鎮，明清時期發展為中外聞名的瓷器之都，屬於歷史文化名城之一。

世界最深的海溝位於大西洋。

馬蓋仙不臭蓋：

（錯）
世界最深處位於太平洋的馬里亞納海溝。

「El Nino」這個名詞起源於發現此現象的科學家知名。

馬蓋仙不臭蓋：

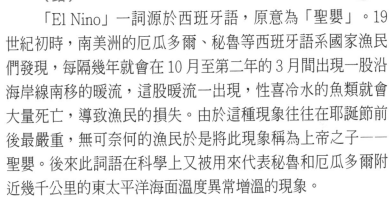

（錯）

「El Nino」一詞源於西班牙語，原意為「聖嬰」。19世紀初時，南美洲的厄瓜多爾、秘魯等西班牙語系國家漁民們發現，每隔幾年就會在10月至第二年的3月間出現一股沿海岸線南移的暖流，這股暖流一出現，性喜冷水的魚類就會大量死亡，導致漁民的損失。由於這種現象往往在耶誕節前後最嚴重，無可奈何的漁民於是將此現象稱為上帝之子——聖嬰。後來此詞語在科學上又被用來代表秘魯和厄瓜多爾附近幾千公里的東太平洋海面溫度異常增溫的現象。

長江從東向西流，而黃河卻恰恰相反，是由西向東流。

馬蓋仙不臭蓋：

（錯）

中國大陸地勢西高東低，長江和黃河都是從西向東流。

「美人魚」是哥本哈根市的標幟。

馬蓋仙不臭蓋：

（對）

哥本哈根共有二十多個博物館和十多個大大小小的公園，其中最著名的是哥本哈根朗厄里尼港灣畔的邱吉爾公園，這兒有一塊巨大的岩石，上頭矗立著一尊世界聞名的「美人魚」銅像。這是丹麥雕塑家埃里克森於 1913 年根據安徒生童話故事《美人魚》所塑造的。它就像倫敦的大橋、巴黎的鐵塔一樣，從此成為哥本哈根的標誌。

牛郎星是天鷹座中的第一亮星。

馬蓋仙不臭蓋：

（對）

天鷹座 α 星，俗稱「牛郎星」，是天空中非常著名的亮星，呈銀白色，距地球 16.7 光年，它的直徑為太陽直徑的 1.6 倍，表面溫度在 7000℃ 左右，與「織女星」隔銀河相對。

如果在太空船上點燃火柴，火焰會立即熄滅，這是由於氧氣不夠的關係。

馬蓋仙不臭蓋：

（錯）
是因為空氣不會對流。

匯入大西洋的河流中，最長的是亞馬遜河。

馬蓋仙不臭蓋：

（對）
　　亞馬遜河全長 6440 公里，在世界河流中位居第二，僅次於長 6695 公里的尼羅河。亞馬遜河每秒注入大西洋的水有 116000 立方公尺之多，占全球入海河水總流量的五分之一。流量比剛果河（又稱薩伊河）多三倍，比密西西比河多十倍，比尼羅河多六十倍。

被人們稱作通天河的河流是沱沱河。

馬蓋仙不臭蓋：

（對）

沱沱河是長江源頭，出自海拔 6621 公尺的唐古喇山脈主峰格拉丹冬山。沱沱河匯合楚瑪律河便成為通天河，流入四川、雲南後，改名金沙江，最後成為長江。

義大利航海家哥倫布環遊世界，證明地球是圓的。

馬蓋仙不臭蓋：

（錯）

環遊世界之後證明地球是圓的人是義大利航海家麥哲倫。

漢白玉是一種名貴的石頭。

馬蓋仙不臭蓋：

（對）

白玉就是純白色的大理石，屬於一種石灰石。中國古代各朝很喜歡用這種石料製作宮殿中的石階和護欄，所謂「玉砌朱欄」，華麗如玉，所以稱作漢白玉。北京紫禁城天安門前的華表、金水橋、宮內的宮殿基座、石階、護欄都是用漢白玉砌成的。

 活馬博物館位於英國倫敦。

馬蓋仙不臭蓋：

（錯）

活馬博物館位於法國巴黎。

雅魯藏布江大峽谷是全球熱帶雨林分佈緯度最高的地區。

馬蓋仙不臭蓋：

（對）

雅魯藏布江大峽谷地處北回歸線以北 5 度，長 496.3 公

里，平均深度 5000 公尺，其中南迦巴瓦峰和佳拉白壘峰之間的深度為 5382 公尺，是峽谷最深處，深度位居世界第一。

人在月球上走路會變得很輕鬆。

馬蓋仙不臭蓋：

（對）

人的體重是因為地球的地心引力而決定，所以處在月球上時，體重同樣是因為月球的地心引力而決定。而地球的體積是月球的六倍，故月球對人的引力只有地球的 1／6，所以人在月球上行走會感覺很輕鬆。

地球自轉的速度是永遠不變的。

馬蓋仙不臭蓋：

（錯）

經過科學家們的反覆驗證，地球的自轉速度並不是一成不變的，而是有時快、有時慢。自轉速度也因季節的不同而變化，1 年之中 8 ～ 9 月自轉速度最快，3 ～ 4 月自轉速度最

慢。不僅是 1 年內自轉速度不平均，每年自轉速度同樣有差異。近 300 年中，地球自轉最快的年度是 1870 年，最慢的是 1903 年。

熱空氣會往上升，冷空氣會往下降。

馬蓋仙不臭蓋：

（對）
當冷熱兩種氣流相遇的時候，熱氣流密度小，冷氣流密度大，當冷氣流下降時就會把熱氣流擠上去了。

科學家發現第一顆小行星的時間在 1801 年。

馬蓋仙不臭蓋：

（對）
1801 年科學家們在夜空中發現了一個閃耀的小物體。起初他們以為這個名為「穀神星」的東西是顆行星，然而一年後又發現了一個和穀神星十分相像的物體，於是他們意識到行星不可能這麼小，便將其命名為「小行星」，意思是「像星星一樣」。

所有珠寶都是礦物質。

馬蓋仙不臭蓋：

（錯）

雖然大多數寶石都是礦物質沒錯，但還是有少數不是，比如：琥珀和珍珠。

 天上的點點繁星，除了有幾顆是行星之外，絕大部分都是遙遠的「太陽」。因為它們相互之間的相對位置沒有變化，所以人們叫它「恆」星。

馬蓋仙不臭蓋：

（錯）

其實恆星每時每刻都在朝不同的方向運動，並且空間運動速度是很大的。但因為它們距離地球實在太遠了，所以人類感覺不到它們的運動。不過有一些恆星的亮度變化明顯，這類恆星被稱為「變星」。還有一些恆星的亮度會突然增強幾千、幾萬倍，然後很快又暗下去，在天文學上這類星星就叫做新星或者超新星。

冬天時，寒帶地區的河湖深層並不會結冰。

馬蓋仙不臭蓋：

（對）

冬季時，寒帶地區河湖結冰只會在表面，深層卻不結冰，原因是冰層有隔溫作用。

世界上種植面積最大、產量最廣泛的糧食作物是水稻。

馬蓋仙不臭蓋：

（錯）

世界上種植面積最大、產量最廣泛的糧食是小麥。

中國大陸汛期最長的河流是長江。

馬蓋仙不臭蓋：

（錯）

中國大陸汛期持續時間最長的河流是珠江。

 ## 北極和南極一樣冷。

馬蓋仙不臭蓋：

（錯）

南極與北極的氣候差異很大。南極的氣候比北極冷得多，即使在夏天，溫度也在冰點以下。南極中心曾有攝氏零下六十度的紀錄，北極目前的最低溫紀錄只有攝氏零下三十多度。

 ## 與森林、海洋一起並稱為全球三大生態系統的是沙漠。

馬蓋仙不臭蓋：

（錯）

濕地與森林、海洋並稱為全球三大生態系統，是世界上最具活力的生態系統，存在著許多瀕臨絕種的野生動植物種。

世界上最大的坐佛位於泰國。

馬蓋仙不臭蓋：

（錯）
世界上最大的坐佛位於中國大陸的四川。

 溫室效應是因為天氣太熱所造成的氣候問題。

馬蓋仙不臭蓋：

（錯）
　溫室效應主要是由於現代化社會過度排放二氧化碳氣體進入大氣層所造成的。

 油頁岩是水藻碳化後形成的。

馬蓋仙不臭蓋：

（對）

油頁岩的成因，與煤和石油的形成雷同。近海和沼澤盆地裡的動植物，在地殼變動中隨著泥沙一起埋入地層深處，經過幾千萬年的演變，才成為今天發掘出來的油頁岩。現代開採出來的油頁岩礦中，常常發現烏龜、古樹等動植物化石，就是一項重要的佐證。

 位於俄羅斯的伏爾加河是世界第三長的河流。

馬蓋仙不臭蓋：

（錯）

世界最長河流前三名依次為非洲的尼羅河、南美洲的亞馬遜河和中國的長江。據記載，伏爾加河長 3530 公里，流域面積達 136 萬平方公里，占俄羅斯平原面積的 1/3 以上。而長江全長 6300 公里，是中國境內第一大河。

 日蝕只可能發生在農曆的朔日。

馬蓋仙不臭蓋：

（對）

農曆初一，又稱為朔日。日蝕的成因是月球繞到太陽和地球中間，遮住的太陽的光芒。這時一定是農曆初一，太陽、月球、地球三者正好排成一直線，或接近一條直線，月球的黑影才會正好落到地球上，造成日蝕的現象。

藍晶又被稱為「海藍寶石」，它和「藍寶石」是同種物質。

　　馬蓋仙不臭蓋：

（錯）

　　海藍寶石是天藍色至海藍色的綠寶石變種，分子式為：Be3Al2（Si6O18）。藍寶石，從科學角度來說，就是除紅色以外的各色（包括無色）透明剛玉的通稱，化學成分為Al2O3，因其中含有微量的鈦或微量的鐵，致使其呈現藍色或他各色，其中以豔藍、天藍色為上品。

天文學家把整個天空的星星按區域劃分成 28 個星座。

　　馬蓋仙不臭蓋：

（錯）

天文學家把整個天空的星星按區域劃分成 88 個星座。

冬天冷、夏天熱是由於地球距離太陽遠近的關係。

馬蓋仙不臭蓋：

（錯）

在冬天時，太陽直射點在南半球，照射地球的角度較小，陽光是斜斜照耀著大地的，因此地球上每單位面積接收到的陽光照射能量減少，也就是說太陽能到達地球的能量密度變小了，因為地球獲得的能量少了，所以冬天冷；而在夏天時，太陽直射點在北半球，照射角度大，太陽光幾乎都是直射大地的，太陽能到達地球的能量密度很大，因此地球獲得的能量較多，所以夏天比較熱。

風能源自於太陽能。

馬蓋仙不臭蓋：

（對）

風是大氣因為太陽輻射影響所產生的空氣水平運動，因此我們也可以把風能看做太陽能的一部分。風能是重要的新能源，也是一種可再生能源。

「一架飛機從洛杉磯飛往東京，在經過阿留申群島上空時，機上一孕婦忽然產下一名男嬰。一小時後，又產下另一名男嬰。但在填寫資料時，執法人員認定後出生的男孩是哥哥，先出生的男孩是弟弟。」這是一件真實的故事，請問為什麼執法人員會這麼認定。

　　馬蓋仙不臭蓋：

　（對）
　　因為阿留申群島位於國際換日線的東側，因此先出生的男孩比後出生的男孩晚 23 小時出生。

台灣的面積有多大？

A. 3. 22 萬平方公里

B. 3. 6 萬平方公里

馬蓋仙不臭蓋：

（B）

臺灣島面積 3.6 萬平方公里，海南島面積才是 3.22 萬平方公里。

月亮朝著地球的部份永遠都是同一面，原因是什麼？

A. 月亮自轉與公轉的週期相同

B. 月亮自轉與公轉的速度相同

馬蓋仙不臭蓋：

（A）

月球是地球的同步自轉衛星，換句話說月球自轉的週期與環繞地球公轉的週期是相同的，這也導致從地球上所見到

的月球永遠是同一面，這又被稱為潮汐鎖定。這種行星與衛星發展成潮汐鎖定的情況並不是唯一，冥王星的衛星也是一個同步自轉衛星。另外，潮汐鎖定也會發生在恆星與行星之間。那麼可以想見，所謂人造衛星穩定進入軌道，也是這種效應的應用。

將洗手台的水放掉時，會發現水總是形成哪個方向的漩渦？

A. 順時針漩渦

B. 逆時針漩渦

馬蓋仙不臭蓋：

（A）

這是因為地球自轉的影響。反之來到南半球的澳州，水就會形成逆時針漩渦。

行星距離太陽越近的時候運轉速度會越快還是越慢？

A. 快

B. 慢

馬蓋仙不臭蓋：

（A）

克卜勒第二定律說明，在每段相同長度的時間內，行星以太陽為中心運動所掃過的面積都是相等的。所以當行星距離太陽近的時候，半徑較短，速度必須較快才能掃過同等的面積。

能浮在水面上的石頭，是由火山熔岩形成的？

A. 是

B. 不是

馬蓋仙不臭蓋：

（A）

火山噴發時流出了許多高溫熔岩，這些熔岩在冷卻過程中包裹了許多氣體，最後形成了火山石。由於火山石內部充滿了氣泡，所以浮力較大，不會沉入水底。目前火山石是世界上唯一能浮在水面上的石頭。

請問中國大陸省名，「山東」和「山西」的山，指的是以下哪一座山？

A. 長白山

B. 太行山

馬蓋仙不臭蓋：

（B）

　　太行山實際位處於山西與河北的交界，所以緊鄰太行山以東的省份，其實是河北而不是山東。山東的山，在古時有兩個意思，一是指崤山，古時崤山以東的廣大地區就是秦國東邊的中原地區。《史記》中便常提及山東豪傑如何如何，指的就是這個地區。另一個含意就是泛指太行山以東的地區。山東省名也是來源於此。

南極和北極，哪裡的冰比較多？

A. 南極多

B. 北極多

馬蓋仙不臭蓋：

（A）

南極和北極分處地軸的兩端，而且都很寒冷。不過根據科學家們的測量得知，南極比北極的冰要多得多。南極的冰層厚度平均有 1700 公尺，冰層總體積有 2800 萬立方公里。而北極的冰層厚度一般不超過 4 公尺，冰層總體積只有南極的 1 / 10 而已。

天然氣屬於以下哪一項？

A. 一次能源

B. 二次能源

馬蓋仙不臭蓋：

（A）

所謂一次能源是指直接取自大自然，不需經過加工轉換的各種能量和資源，包括：原煤、原油、天然氣、油頁岩、核能、太陽能、水力、風力、潮汐能、地熱、生物質能和海洋溫差能等。一次能源經過加工轉換以後得到的能源產品，就被稱為二次能源，例如：電力、蒸汽、煤氣、汽油、柴油、重油、液化石油氣、酒精、沼氣、氫氣和焦炭，等等。

小明的爸爸說，他已經繞太陽轉過幾十圈了，你說他的話對嗎？

A. 對

B. 不對

馬蓋仙不臭蓋：

（A）

地球每年都會繞著太陽轉一圈，所以人每年也會跟著繞太陽轉一周。

在氣象學上是根據候溫（每 5 天為一候，每候日平均氣溫的平均值為候溫）來劃分四季的，候平均氣溫在 22℃以上的連續時期稱為夏季，而平均氣溫在幾度下的連續時期被稱為冬季？

A. 10℃

B. 12℃

馬蓋仙不臭蓋：

（A）

氣象學上的季節劃分：以候平均氣溫（即 5 天的平均氣

溫）來劃分。候溫大於攝氏 10 度，且小於攝氏 22 度為春季；候溫大於攝氏 22 度為夏季；候溫降至攝氏 22 度到攝氏 10 度為秋季；候溫小於攝氏 10 度為冬季。

台灣的的海岸線長大約多少公里？

A. 1200 公里

B. 1900 公里

馬蓋仙不臭蓋：

（A）

台灣海岸線全長約 1200 公里，含澎湖群島總長約 1520 公里。

愛斯基摩人居住在北極嗎？

A. 是

B. 不是

馬蓋仙不臭蓋：

（A）

「愛斯基摩（Eskimos）」一詞是印第安人首先使用的，意思是「吃生肉的人」。古時候印第安人與愛斯基摩人素來不睦，因此這一名字顯然含有貶義。愛斯基摩人並不用這個名字稱呼自己，他們自稱為「因紐特（Inuit）」或「因紐皮特」人，即愛斯基摩語中「真正的人」之意。愛斯基摩人是從亞洲經兩次大遷徙進入北極地區的。經歷了 4000 多年的歷史。由於氣候惡劣，環境嚴酷，他們可說是歷經千辛萬苦，才能生存繁衍至今。

就同一經度而言，由於太陽直射的角度不同，所以越往南越熱，越往北越冷。那麼如果在同一緯度上，太陽直射角度既然相同，是不是各地的溫度就會一樣呢？

A. 是

B. 不是

馬蓋仙不臭蓋：

（B）

根據氣象資料統計，在同一緯度上，不同地區的溫度也不一定相同。比如中國大陸的黑龍江和倫敦的緯度差不多，但冬天的溫度卻比倫敦大約低二十多度。這是為什麼呢？因為黑龍江經常受到寒流的襲擊，而歐洲各國卻多有大西洋暖

流經過，相較之下就沒那麼寒冷了。因此同一緯度的氣候並不盡然相同。

黃河是中華民族的搖籃，它發源於以下哪座山脈？

A. 唐古喇山山脈

B. 巴顏喀拉山山脈

馬蓋仙不臭蓋：

（B）

　　長江發源於唐古喇山北麓格拉丹冬雪山，年平均徑流量為 177 億立方公尺。黃河才是發源於巴顏喀拉山北麓，年平均徑流量 232 億立方公尺。另外瀾滄江發源於果宗木查雪山，年平均徑流量 107 億立方公尺。

月亮和太陽是在相同時期形成的嗎？

A. 是

B. 不是

馬蓋仙不臭蓋：

（A）

　　大約在 46 億年以前，太陽及其他行星形成的同時，月亮也形成了。剛開始月亮是一個又紅又熱、充滿熔岩的岩石球，隨著溫度逐漸降低，變得越來越堅硬，最後成為現在的樣子。

石頭是由礦物構成的嗎？
A. 是

B. 不是

馬蓋仙不臭蓋：

（A）

　　岩石是地球表面的堅硬物質，大塊的被稱為岩石或巨礫，小塊的則被稱石頭或卵石。岩石是由各種礦物所構成的，比如：石灰石是由方解石或碳酸鈣等礦物構成的岩石。岩石中含有多種礦物，而採礦是指將蘊含有用礦物的岩石開採出來加工，金屬就是從礦石中提煉出來的。

冬至那天太陽會直射以下哪一處？
A. 南回歸線

B. 北回歸線

馬蓋仙不臭蓋：

（A）

12月22日前後便是冬至，是一年24個節氣的最後一個。從冬至算起，就進入一年中最寒冷的季節。

在月球上用同樣的力道跳高，會比在地球上跳得高或低？

A. 高

B. 低

馬蓋仙不臭蓋：

（A）

月球的引力只有地球的 1 / 6，因此人在月球上受到的引力也就小得多。如果忽略其他因素不計，太空人在地球上跳一公尺高的力度，在月球上就能跳 6 公尺高。

有「咖啡王國」之稱的是下列哪個國家？

A. 巴西

B. 古巴

C. 智利

馬蓋仙不臭蓋：

（A）

拉丁美洲的巴西素以質優味濃的咖啡馳名全球，是世界上最大的咖啡生產及出口國，有「咖啡王國」之稱。

全世界地勢最高之國是哪個國家？

A. 尼泊爾王國

B. 荷蘭

C. 南美智利

馬蓋仙不臭蓋：

（A）

荷蘭以地勢低窪聞名。南美的智利則是最瘦長的國家。

潮起潮落主要與下列哪項有關？

A. 太陽

B. 月亮

C. 水星

馬蓋仙不臭蓋：

（B）

　　潮汐就是因為月球引力形成的，這個引力是月球對地球的引力，加上地球、月球轉動時的慣性離心力所形成的作用力。太陽的引力對潮汐也有影響，但太陽引力所產生的作用只有月亮的 2/5。

身處在地球抬頭觀看晴朗的天空會呈現藍色，這是因為以下什麼原因？

A. 大陸上的海水把天空映成藍色

B. 太陽光中的藍色光被物體反射成藍色

C. 太陽光中的藍色光被天空中的微粒散射成藍色。

馬蓋仙不臭蓋：

（C）

陽光進入大氣時，波長較長的色光透射力較大，能透過大氣射向地面，如：紅光；而波長較短的紫、藍、青色光，碰到大氣分子、冰晶、水滴等時，就很容易發生散射現象。當被散射的紫、藍、青色光佈滿天空，就使天空呈現出一片蔚藍了。

月球引力是地球引力的幾分之幾？

A. 1/6

B. 1/4

C. 1/2

馬蓋仙不臭蓋：

（A）
月球跟地球表面的引力比為 1：6。

早期地球大氣中氧氣的來源是以下哪一項？

A. 陸地的森林

B. 海洋的藻類

C. 陸地的草原

馬蓋仙不臭蓋：

（B）

　　早期地球大氣中沒有氧氣，後來由於海洋裡藻類的分解獲得氧氣，逐步在陸地上形成森林、草原和動物。

汽車城是以下哪一座城市？

A. 底特律

B. 利馬

C. 伯恩

馬蓋仙不臭蓋：

（A）

　　利馬是無雨城；伯恩是鐘錶城。

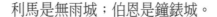

《滕王閣序》中的滕王閣故地在今天的哪裡？

A. 江西省廬山

B. 江西省南昌

C. 江西省九江

馬蓋仙不臭蓋：

（B）

滕王閣故地位於今天的江西省南昌市，下臨贛江。因唐高祖之子滕王李元嬰在任洪州都督時修建了此閣，故名。

《甘石星經》是世界上最早的一部天文學著作，它是什麼時期完成的？

A. 春秋時期

B. 戰國時期

C. 三國時期

馬蓋仙不臭蓋：

（B）

戰國時期，齊國甘德寫有《天文星占》8 卷，魏國石申寫有《天文》8 卷，後人把這兩部合為一部，稱《甘石星經》。在這本書中記載了金、木、水、火、土五大行星的運行規律，還記錄有 800 顆恆星的名字，測定了 121 顆恆星的方位。

澳洲的大堡礁是世界最大的哪一類島群？

A. 火山島群

B. 珊瑚礁群

C. 大陸島群

馬蓋仙不臭蓋：

（B）

大堡礁是澳洲東北海岸外一系列珊瑚島礁的總稱，斷續綿延 2600 公里，是世界上最大的珊瑚礁群。礁體由約 350 種珊瑚骨骼堆積而成。

智利為什麼又被稱為「蛇國」？

A. 該國多產蛇

B. 該國版圖呈蛇形

C. 該國崇拜蛇

馬蓋仙不臭蓋：

（B）

智利領土狹長，南北距離 4330 公里，而東西卻只有 90 ～ 400 公里，因版圖像蛇故得此名。

「月有陰晴圓缺」是因為以下哪項原因所引起的？

A. 月亮繞地球運動

B. 地球繞太陽運動

C. 月亮自轉

馬蓋仙不臭蓋：

（A）

月球本身並不發光，而是藉由反射太陽光的方式發光，月亮在繞地球運行的過程中，月球與地球、太陽的位置不斷發生變化，因此導致了月亮的圓缺變化。

世界最南的城市是哪一個？

A. 烏斯懷亞城

B. 蘇瓦

C. 龍宜爾比恩

馬蓋仙不臭蓋：

（A）

烏斯懷亞城位於阿根廷，是世界最南的城市。蘇瓦是世界最東的城市，位於斐濟。朗伊爾城是世界最北的城市，位於挪威。

亞洲地區的人造衛星一般是在什麼時間發射？

A. 下午 4 點到 6 點

B. 晚上 7 點到 9 點

C. 夜間 11 點到凌晨 1 點

馬蓋仙不臭蓋：

（B）

人造衛星上的儀器能源系統包括追蹤太陽能板，儲存系統則是鎳氫電池，蓄電量有限。只有在這段時間發射，衛星升到一定高度之後才能以最佳的角度接受太陽的能源，接續蓄電池的工作，否則無法正常運作。

在赤道附近測量 1 噸重的貨物被運到北極附近之後，重量會變成以下哪一項？

A. 大於 1 噸

B. 等於 1 噸

C. 小於 1 噸

馬蓋仙不臭蓋：

（A）

　　物體在赤道離地心較遠，受到的地心引力就比較小，重量也比較輕；隨著緯度越高，地球半徑越小，物體所受到的引力也就越增加，測得的重量就會變重。

影響海洋表面水溫高低的因素是以下哪一項？

A. 太陽輻射

B. 地熱溫度

C. 季節溫差

馬蓋仙不臭蓋：

（A）

　　影響海洋表層水溫的因素有太陽輻射、沿岸地形、氣象、洋流等。海水表面溫度的高低，不僅受太陽輻射的影響，也隨時間和空間而變化。此外，寒暖流經過的區域，水溫也會受影響。一般來說，同一海域的水溫夏季較高，冬季較低。不同海域的水溫，低緯度地區較高，高緯度地區較低。暖流水溫高於流經海域的水溫，寒流水溫則低於流經海域的水溫。

請問以下哪條河的下游又被稱為世界著名的「地上河」？

A. 海河

B. 淮河

C. 黃河

馬蓋仙不臭蓋：

（C）

黃河含沙量大，到了下游流速減緩，泥沙淤積在河底以致河床變淺，為防止河水漫溢而不斷加高堤壩，導致河流在高於地面的地方流動，因此被稱為地上河，又稱懸河。

全世界唯一跨越兩個洲的城市是以下哪一項？

A. 庫斯科

B. 烏魯木齊

C. 伊斯坦堡

馬蓋仙不臭蓋：

（C）

庫斯科是印加文明的搖籃，印第安語的意思是離太陽最

近的城市。烏魯木齊是離海最遠的城市。伊斯坦堡城是唯一跨歐亞兩洲的城市。

地殼最厚的地方是哪裡？

A. 喜馬拉雅山的珠穆朗瑪峰

B. 日本富士山

C. 厄瓜多爾欽博拉索山

馬蓋仙不臭蓋：

（A）

　　地球地層的最外層是由岩石組成的固體硬殼。按成分可分上、下兩層：上層為花崗岩層，又稱矽鋁層；下層為玄武岩層，又稱矽鎂層。與地函間以莫氏不連續面（莫霍面）為界。地殼厚度各處不同，平均為 17 公里。中國大陸地區平均厚度 35 公里，青藏高原處更厚達 70 公里，是世界上地殼最厚的地方。海底地殼平均厚度約為 6 公里，環太平洋深海溝區域的地殼厚度則不足 2 公里，是世界上地殼最薄的地方。

太空人在太空中看到的星星比我們在地球上看到的多還是少？

A. 一樣多

B. 比我們看到的少

C. 比我們看到的多

馬蓋仙不臭蓋：

（C）

太空船離開地球大氣層後，太空人看到的天空比地球上的夜晚還要黑，因此可以看到更多更亮的星星。

地球之外的太陽系天體中，唯一發現有火山活動的天體是以下哪一項？

A. 木衛一

B. 火衛一

C. 土衛一

馬蓋仙不臭蓋：

（A）

1979年3月5日，航海家1號探測器從距離木星27.5

萬公里處掠過時，發現了木衛一上正在噴發的活火山。從傳回地面的照片上看得到，這顆星上有 8 座火山同時爆發。它們以每小時 1600 公里的速度向外噴射著熔岩和氣體物質，噴出物高達 450 公里，氣勢十分壯觀。這是航太探測器在地球以外觀測到第一個有火山活動的天體。

我們都知道太陽系有九大行星，其中最大的是哪一顆？

A. 土星

B. 海王星

C. 木星

馬蓋仙不臭蓋：

（C）

假設地球是一顆乒乓球大小，那麼木星就比籃球還大。

一年內月亮的自轉圈數比公轉圈數多或少？

A. 自轉的圈數多

B. 公轉的圈數多

C. 一樣多

馬蓋仙不臭蓋：

（C）

月亮自轉和公轉一圈的時間相同，這是潮汐鎖定長期作用的結果。

東京鐵塔的高度是多少？
A. 320 公尺

B. 333 公尺

C. 564 公尺

馬蓋仙不臭蓋：

（B）

東京塔高 333 公尺，比艾菲爾鐵塔還高出 13 公尺，具有抗颱風和地震的功能。

被譽為「天下第一關」的是以下哪一項？
A. 山海關

B. 嘉峪關

C. 居庸關

馬蓋仙不臭蓋：

（A）

　　山海關的城樓上有一塊匾，上面寫著「天下第一關」；嘉峪關是長城西端的起點，號稱「天下雄關」；居庸關位於北京市昌平縣西北，南有南口，北有八達嶺。

四大名茶之一的龍井茶產地是哪裡？
A. 浙江

B. 安徽

C. 河南

馬蓋仙不臭蓋：

（A）

　　龍井本是一個地名，也是一個泉名，而現在主要是茶名。龍井茶產於浙江杭州的龍井村，歷史上曾分為「獅、龍、雲、虎」四個品類，其中多認為產於獅峰的老井品質最佳。

世界最高的城市是以下哪一項？
A. 努庫阿羅法市

B. 波托西城

C. 艾恩蔔格城

馬蓋仙不臭蓋：

（B）

波托西城位於玻利維亞安第斯山脈賽羅里科山的下方，海拔 4000 公尺，是世界上海拔最高的城市。

中國大陸地勢最高的盆地是以下哪一項？

A. 準噶爾盆地

B. 塔里木盆地

C. 柴達木盆地

馬蓋仙不臭蓋：

（C）

柴達木盆地底部有海拔 2600 ～ 3000 公尺高，是中國大陸地勢最高的內陸盆地。

太平洋是世界第一大洋，它的面積約占地球海洋表面的百分之幾？

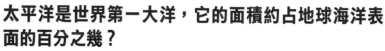

A. 15%

B. 30%

C. 50%

馬蓋仙不臭蓋：

（C）

太平洋的面積是 17967.9 平方公里，約占世界海洋總面積的一半，占地球表面積的 1 / 3 以上。

「西出陽關無故人」中的「陽關」是指現在的哪裡？

A. 甘肅

B. 陝西

C. 新疆

馬蓋仙不臭蓋：

（A）

陽關位於甘肅省敦煌市西南 70 公里處的南湖鄉境內，因在玉門關以南，故名陽關。漢武帝開闢河西，「列四郡，據兩關。」其中一關便是指這裡。自古為絲綢之路，西出敦煌，通西域南道的必經關卡，為西部邊境之門戶。高僧玄奘從印度取經歸國，就是從天山南麓西入陽關回到長安的。

根據克卜勒發現的行星運行定律,行星環繞太陽運行的軌道是橢圓形的,而且行星運行的速度,以下哪項描述為真?

A. 等線速度

B. 等角速度

C. 遠太陽點速度快而近太陽點速度慢

D. 遠太陽點速度慢而近太陽點速度快

馬蓋仙不臭蓋:

(D)

　　克卜勒研究行星運行的速度。發現行星離太陽越近,運行的速度就越快,這就是克卜勒第二定律。

以下哪個行星的表面與月球表面非常相似?

A. 土星

B. 水星

C. 木星

D. 金星

馬蓋仙不臭蓋：

（B）

水星在許多地方都與月球相似，它的表面有許多隕石坑，而且十分古老，也沒有板塊運動的跡象。

目前地球上已知的最大隕石坑位於哪裡？

A. 亞洲

B. 非洲

C. 北美洲

D. 南極洲

馬蓋仙不臭蓋：

（B）

法國科學家最近在埃及發現了據稱是世界上最大的隕石坑區，區域的面積達 5000 平方公里。

在地球上，午夜 12 點時不可能看見哪一顆行星？

A. 木星

B. 金星

C. 火星

D. 土星

馬蓋仙不臭蓋：

（B）

在地球上看金星和太陽的最大角度不超過 48 度，因此金星不可能整夜出現在夜空中。古時民間稱黎明時分的金星為啟明星，傍晚時分的金星為長庚星。金星自轉一周比公轉一周還慢，大約是 243 天自轉一圈，而金星繞太陽一圈是 224 天，所以金星上的一年比一天還短，一年最多只能看到一次日出。而且金星自轉方向和地球相反，在金星上看到的太陽是西升東落的。

世界最重要的 IT 高科技產業基地矽谷位於美國的哪裡？

A. 加州

B. 阿拉斯加

C. 夏威夷

D. 哥倫比亞

馬蓋仙不臭蓋：

（A）

人們所稱的矽谷位於美國加州的三藩市經聖克拉拉至聖約瑟近 50 公里的一條狹長地帶，是美國重要的電子產業基地，也是世界最為知名的電子產業中心。

世界五大洲中，平均海拔最低的洲是哪裡？

A. 大洋洲

B. 非洲

C. 美洲

D. 歐洲

馬蓋仙不臭蓋：

（D）

地球上海拔最高的大陸是南極大陸。其他幾個大陸的平均海拔為：亞洲950公尺，北美洲700公尺，南美洲600公尺，非洲560公尺，歐洲最低，只有300公尺，大洋洲的平均高度也不過幾百公尺。然而南極大陸平均海拔就有2350公尺。但是，如果把覆蓋在南極大陸上的冰蓋剝離，它的平均高度僅有410公尺，比整個地球上陸地的平均高度都要低得多。

北極星是北方星空中比較亮的一個星，也即是小熊星 α 星。北極星距地球有多遠？

A. 100 光年

B. 200 光年

C. 300 光年

D. 400 光年

馬蓋仙不臭蓋：

（D）

北極星距離我們約 400 光年。它是距北天極最近的亮星，距極點不足 1°。因此，對於地球上的觀測者來說，它好像並不參與周日運動，總是位於北天極處，因而被稱為北極星。正是這個特點使它成為重要的恆星之一。

太陽系的九大行星中，質量最大的一顆是哪一顆？

A. 金星

B. 水星

C. 土星

D. 木星

馬蓋仙不臭蓋：

（D）

木星的赤道半徑為 71400 公里，是地球的 11.2 倍，體積是地球的 1316 倍，質量是地球的 300 多倍。

被稱為「啟明星」的是太陽系中的哪顆星？

A. 金星

B. 水星

C. 女星

D. 木星

馬蓋仙不臭蓋：

（A）

金星是天空中除太陽、月球外最亮的星，古代稱它為啟明星。

夜空中最明亮的恆星是哪一顆星？

A. 北斗星

B. 天狼星

C. 織女星

D. 牛郎星

馬蓋仙不臭蓋：

（B）

夜空中最亮的星星是天狼星，它位於大犬星座之中。春

季時分，它會在西南方的天空中熠熠發光。它的質量是太陽的 2.3 倍；半徑是太陽的 1.8 倍；光度是太陽的 24 倍。天狼星不但本身比較亮，而且離我們比較近，只有 8.65 光年，因此看起來特別亮。

在地球同步氣象衛星上觀察地球上的颱風會發現以下哪種現象？

A. 地球在旋轉，颱風也在旋轉

B. 地球在旋轉，颱風不旋轉

C. 地球不旋轉，颱風也不旋轉

D. 地球不旋轉，颱風在旋轉

馬蓋仙不臭蓋：

（D）

所謂同步衛星，就是永遠固定在地球上空某個位置的衛星。而一顆衛星固定在地球軌道同一個位置上的先決條件就是：衛星繞地球一周的時間必須剛好是 24 小時，和地球的自轉週期相同。這樣一來，對於地面上的我們來說，衛星就能固定不動，與地球同步了！所以從衛星上看地球，地球也是相對不動的，會動的只有颱風。

出海口處沒有形成三角洲的河流是以下哪一項？

A. 長江

B. 黃河

C. 珠江

D. 錢塘江

馬蓋仙不臭蓋：

（D）

　　由於「錢塘潮」的原因，錢塘江並沒有在入海處形成三角洲，而是形成了一個喇叭形河口。

人們常用「太陽從西邊出來」比喻不可能的事，但這對太陽系中的哪顆行星來說卻是事實？

A. 水星

B. 金星

C. 火星

D. 木星

馬蓋仙不臭蓋：

（B）

太陽系九大行星中，只有金星的自轉方向是從東往西，所以在金星上看到的太陽每天都是西升東落的。

地球上晝夜長短變化幅度最小的地方是哪裡？

A. 南北極

B. 南北迴歸線

C. 赤道

D. 黃道

馬蓋仙不臭蓋：

（C）

太陽直射點隨著季節在南北迴歸線之間來回移動，晝夜長短也隨之變化，而赤道地區的晝弧和夜弧是相等的，所以赤道地區晝夜等長。

下列哪一項與氣候系統相關，請選出最正確的答案？

A. 大氣圈、水圈、冰雪圈、岩石圈、生物圈

B. 大氣圈、水圈

C. 大氣圈、水圈、生物圈

D. 大氣圈、水圈、冰雪圈

馬蓋仙不臭蓋：

（A）
　　氣候系統包括大氣圈、冰雪圈、生物圈、水圈和岩石圈
（陸地）。引起氣候系統變化的原因可分成自然的氣候波動
與人類活動的影響兩大類。前者包括太陽輻射的變化、火山
爆發以及氣候系統自身的震盪等；後者包括人類使用燃料排
放溫室氣體以及土地利用的變化等。

高氣壓中心附近一般都是什麼天氣？
A. 晴朗天氣
B. 陰雨天氣
C. 風雪天氣
D. 乾旱天氣

馬蓋仙不臭蓋：

（A）
　　高氣壓中心附近的高空氣流要向低空流動，空氣在下降
過程中溫度會逐漸升高，空氣中的水汽也就逐漸蒸發掉，所
以高壓中心附近一般都是晴朗的好天氣。

下列哪個國家不是與中國大陸接壤的國家？

A. 朝鮮

B. 菲律賓

C. 緬甸

D. 印度

馬蓋仙不臭蓋：

（D）

　　印度並不是與中國大陸接壤的國家。國家的領土包括領海、內水、領陸、領土的底土（指領海和領土的地下部分）和領空。內水是指國家領陸內以及領海以內的水域。

杜甫《望嶽》「岱宗夫如何，齊魯青未了」中的「岱宗」指的是以下哪一項？

A. 華山

B. 恆山

C. 泰山

D. 嵩山

馬蓋仙不臭蓋：

（C）

　　東嶽泰山在今山東省境內；西嶽華山位於陝西省；北嶽恆山在山西省；中嶽嵩山在河南省；南嶽衡山在湖南省。

下面哪個是對「驚蟄」這個節氣的正確描述？

A. 春季開始

B. 降雨量增多，對穀類生長有利

C. 溫度逐漸升高，開始打雷，冬眠動物甦醒

D. 氣候溫暖，草木繁茂，天氣晴朗

馬蓋仙不臭蓋：

　　（C）

　　驚蟄為春季的第三個節氣。驚蟄是指春雷初響，驚醒蟄伏中的昆蟲。這個時節已經進入仲春，是桃花紅、李花白、鳥兒高飛的時節。按照一般氣候規律，驚蟄前後各地天氣已開始轉暖，並漸有春雷出現，冬眠的動物開始甦醒並出來活動，同時雨水漸多，是春季播種的時機。

世界第一大峽谷是指以下哪一項？

A. 科羅拉多大峽谷

B. 雅魯藏布大峽谷

C. 東非大裂谷

D. 長江三峽

馬蓋仙不臭蓋：

（B）

1993年10月，中日科學考察隊赴雅魯藏布大峽谷考察，經進一步探索，發現雅魯藏布大峽谷是世界第一大峽谷。

以下哪個地點盛產「南珠」？

A. 中國

B. 泰國

C. 日本

D. 緬甸

馬蓋仙不臭蓋：

（A）

中國南海的美麗城市北海，自古以來便是馳名中外的合

浦南珠產地。所產珍珠以質地凝重、光澤晶瑩、顆粒渾圓以及藥效卓著而聞名於世。

以下哪一項是土壤肥沃度的判斷基準？
A. 無機質

B. 有機質

C. 礦物質

D. 水

馬蓋仙不臭蓋：

（B）

有機質含量的多少是衡量土壤肥沃度的重要基準，有機質和礦物質緊密結合在一起，按其分解程度分為新鮮有機質、半分解有機質和腐植質。腐植質是指新鮮有機質經過微生物分解轉化所形成的黑色膠體物質，一般占土壤有機質總量的85% ～ 90%以上。

「稀土」的主要成分是什麼？
A. 稀少的土壤

B. 氣體

C. 金屬

D. 化學物質

馬蓋仙不臭蓋：

（C）

1894 年由芬蘭化學家約翰‧加得林在瑞典發現，由於貌似土族氧化物，故取名稀土元素。稀土元素在地殼中主要以礦物形式存在。

七大洲中面積最小的是哪一洲？

A. 南極洲

B. 北美洲

C. 大洋洲

D. 南美洲

馬蓋仙不臭蓋：

（C）

大洋洲的面積約 900 萬平方公里，是世界上最小的一個洲。亞洲的面積有 4400 萬平方公里，是世界第一大洲。非洲的面積約 3000 萬平方公里，是世界第二大洲。北美洲的面積約 2400 萬平方公里，是世界第三大洲。南美洲的面積約 1800 萬平方公里，是世界第四大洲。南極洲的面積 1400 萬平方公里，是世界第五大洲。歐洲的面積約 1000 萬平方公里，是世界第六大洲。

考古學家常用碳 -14 的「半衰期」原理來判斷文物年代，請問「半衰期」的意思是指多少年？

A. 5730 年

B. 6730 年

C. 7730 年

D. 8730 年

馬蓋仙不臭蓋：

（A）

碳 -14 的「半衰期」是 5730 年，考古學家就是用這種方式確定馬王堆一號漢墓的年代。

判定降雨強度為大雨的主要標準是以下哪一項？

A. 降水強度很大

B. 降水強度大並伴有狂風

C. 1 天降水總量達 50 毫米以上

D. 1 天降水總量 25 ～ 50 毫米

馬蓋仙不臭蓋：

（C）

大雨指 24 小時累積雨量達 50 毫米以上，且其中至少有 1 小時雨量達 15 毫米以上之降雨現象。豪雨指 24 小時累積雨量達 130 毫米以上之降雨現象。大豪雨指 24 小時累積雨量達 200 毫米以上之降雨現象。超大豪雨指 24 小時累積雨量達 350 毫米以上之降雨現象。

影響植物分佈最重要的條件是以下哪一項？

A. 氣候

B. 溫度

C. 濕度

D. 地形

馬蓋仙不臭蓋：

（A）

影響植物分佈的環境因素有許多，但最重要的是氣候因素，因為氣候決定了植物生長所需的光照、熱量和水分條件。

「春季的中間，太陽正好直射赤道；這天的白天和夜晚一樣長。」這是對哪個節氣的描述？

A. 立春

B. 雨水

C. 驚蟄

D. 春分

馬蓋仙不臭蓋：

（D）

春分，古時又稱為「日中」、「日夜分」，在每年的 3 月 20 日或 21 日，這時太陽到達黃經 0°。據《春秋繁露·陰陽出入上下篇》說：「春分者，陰陽相半也，故晝夜均而寒暑平。」所以，春分的意義指這一天白天黑夜各為 12 小時。另外在古時也以立春至立夏為春季，春分正當春季三個月之中，平分了春季。

地球自轉時，地軸傾斜的方向始終不變，北極總是指向哪裡？

A. 北斗星

B. 北極星

C. 北斗星附近

D. 北極星附近

馬蓋仙不臭蓋：

（D）

地球公轉的重要特徵就是軌道與地軸總是保持 66.5°的夾角，而且北極總是指向北極星附近。由於這個重要的特徵，使得地球在繞日公轉的過程中，太陽有時直射在北半球，有時直射在南半球，有時直射在赤道上。

世界上關於太陽黑子的最早記載，是在古代哪部經典之中？

A. 《尚書》

B. 《史記》

C. 《淮南子・精神訓》

D. 《漢書》

馬蓋仙不臭蓋：

（C）

2000 多年前古人就注意到太陽黑子的現象，世界最早的太陽黑子記錄早在西元前 140 年的《淮南子・精神訓》中，就有「日中有蹲鳥」的記載。

從始祖鳥的化石可知，鳥類是古代哪種生物進化而來的？

A. 魚類

B. 爬行類

C. 兩棲類

D. 哺乳類

馬蓋仙不臭蓋：

（B）

　　「始祖鳥」拉丁文學名的原意為「印石古翼鳥」，身體大小像烏鴉，骨骼構造在許多地方看得出來與爬行動物類似。但另一方面又有鳥類特有的羽毛，顯然是介於爬行類和鳥類之間的過渡物種，證明了鳥類起源於爬行動物類。

流星發光是因為以下哪一項原因？

A. 反射陽光

B. 自身發光

C. 摩擦碰撞

D. 月光反射

馬蓋仙不臭蓋：

（C）

流星是闖入大氣的星體，因與大氣分子發生劇烈的碰撞摩擦而產生明亮的光輝和尾巴。

天體的周日運動是指以下哪一項？

A. 東升西落或不落

B. 西升東落

C. 直升直落

D. 不升不落

馬蓋仙不臭蓋：

（A）

天體的周日運動是與地球自轉相對的運動，由於地球自西向東自轉，所以絕大多數天體的周日運動為東升西落。只有北極星位於地軸的延長線上，地球自轉時北極永遠指向北極星方向，所以北極星看起來幾乎不移動。

最淺的海洋是以下哪一項？

A. 印度洋

B. 北冰洋

C. 太平洋

D. 大西洋

馬蓋仙不臭蓋：

（B）
最淺的海洋是北冰洋，平均深度僅 1225 公尺。

當「樹被風拔起，建築物有相當破壞」的現象出現時，表示風力等級達到哪一級？

A. 7 級以上

B. 8 級以上

C. 10 級以上

D. 12 級以上

馬蓋仙不臭蓋：

（C）
10 級風力時陸地地面描述為「樹被風拔起，建築物有相當破壞」，這時的風速為 24.5 ～ 28.4 公尺 / 秒。

山脈常常成為氣候分界線，以下四個山脈中哪個是溫帶和亞熱帶的分界線

A. 天山

B. 祁連山

C. 秦嶺

D. 大巴山

馬蓋仙不臭蓋：

（C）

秦嶺－淮河是中國的南北分界線（即亞熱帶與溫帶的分界線），這是秦嶺在中國大陸其他山脈之中所代表的重大意義。

太陽的化學組成哪種物質最多？

A. 氧

B. 氫

C. 氦

D. 氮

馬蓋仙不臭蓋：

（B）

氫約占 71%。氦次之，約占 27%。

《西遊記》裡提到的「火焰山」是在哪裡？

A. 柴達木盆地

B. 四川盆地

C. 吐魯番窪地

D. 準噶爾盆地

馬蓋仙不臭蓋：

（C）

吐魯番窪地夏季炎熱，素有「火州」之稱。盆地中部有條由紅色砂岩構成的低矮山脈，猶如火焰，那就是《西遊記》裡著名的「火焰山」。

南極洲中長年無冰雪覆蓋的面積占整個洲的百分之幾？

A. 2%

B. 5%

C. 7%

D. 9%

馬蓋仙不臭蓋：

（C）

南極洲總面積有 1400 萬平方公里，其中 90% 以上的面積長年被冰雪覆蓋，形成一巨大而厚實的冰蓋。冰蓋的平均厚度達 2450 公尺，冰雪總量約 2700 萬立方公里，占全球冰雪總量的 90% 以上，儲存了全世界可用淡水的 72%。

當天空出現彎曲彩虹的時候，最外層是什麼顏色？
A. 紫色
B. 黃色
C. 紅色
D. 橙色

馬蓋仙不臭蓋：

（C）

夏天雷雨或陣雨過後，天空常常出現一條非常美麗的弓形彩帶，由外向內整齊排列著紅、橙、黃、綠、藍、靛、紫七種顏色，這就是虹。

在晴朗的夜空中，能用肉眼看到大約有多少顆星星？

A. 2000

B. 3000

C. 5000

D. 10000

馬蓋仙不臭蓋：

（B）

　　肉眼可見的星星約有 7000 多顆，但由於同一個人在同一時間只能看見一半的天空，因此真正能用肉眼看到的星星只有 3000 多顆左右。

仙后座是什麼形狀的？

A. x

B. y

C. z

D. w

馬蓋仙不臭蓋：

（D）

向北延長秋季四邊形的飛馬座 γ 星和仙女座 α 星，有一顆明亮的星，這就是仙后座 β 星（沿著這條線再向北就可以看到北極星了）。仙后座中最亮的 β、α、γ、δ 和 ε 五顆星構成了一個英文字母「M」或「W」的形狀，這是仙后座最顯著的標誌。

北斗七星中最暗的是哪顆星？

A. 玉衡星

B. 天樞星

C. 天權星

D. 天璇星

馬蓋仙不臭蓋：

（C）

　　北斗七星從斗杓的上端開始，到斗柄的末尾，按順序依次是：天樞、天璇、天璣、天權、玉衡、開陽、瑤光。其中最亮的是「玉衡星」，最暗的是「天權星」。

第一個發現恆星的位置並非永遠不變的是哪一國人?

A. 義大利人

B. 英國人

C. 中國人

D. 波蘭人

馬蓋仙不臭蓋:

（C）

唐代的張遂發現恆星的運動現象比西方早 1000 年。

一年中至少會發生幾次日蝕?

A. 2 次

B. 3 次

C. 4 次

D. 5 次

馬蓋仙不臭蓋:

（A）

日蝕就是太陽被月球遮蔽的現象。日蝕之所以發生有兩

個條件：一是月亮在新月（朔）的時候，二是太陽同交點的距離在日蝕限（月亮離黃道與白道交點，介於15.4～18.5度）以內。因此朔望月與交點年的最小公倍數，就與日蝕的週期有關。按照這個規律，一年中至少會發生2次日蝕，最多可發生5次，不可能有任何一年不會發生日蝕。

我們可以看到的月亮，最多占月球表面積的百分之幾？

A. 51%

B. 55%

C. 59%

D. 70%

馬蓋仙不臭蓋：

（C）

　　月球朝向地球的永遠是同一面，我們不可能從地球看到月球的另外一面。嚴格來說，由於月球天平動的關係，我們最多其實可以看到59%的月球表面，而不只是50%。

連續七個月最多有多少天？

馬蓋仙不臭蓋：

連續七個月最多有 215 天，如 7、8、9、10、11、12 和 1 月，七個月共 215 天。其他任何連續七個月都少於 215 天。

被稱為「地球之腎」的生態系統是什麼？

馬蓋仙不臭蓋：

濕地或沼澤。

「月落烏啼霜滿天，江楓漁火對愁眠。姑蘇城外寒山寺，夜半鐘聲到客船。」詩中指的月相是什麼？

馬蓋仙不臭蓋：

上弦月。

星星真的會眨眼睛嗎？

馬蓋仙不臭蓋：

不會，那是空氣折射的關係。地球周圍包圍著一層厚厚的空氣，熱空氣不停地上升，冷空氣不停地下降，所以我們肉眼看星星時，動盪不定的空氣使我們覺得星星在不停地晃動，就好像在眨眼睛。如果空氣中水汽含量增多，會更加影響光線的直線傳播，這時星星會閃爍得更厲害。

「大陸棚」是什麼？

馬蓋仙不臭蓋：

大陸在海底的延伸。

根據克卜勒發現的行星運行定律，行星繞太陽一周的時間，與行星與太陽之間的距離有關嗎？

馬蓋仙不臭蓋：

有關。行星繞太陽一周的時間平方與行星距太陽距離的立方成正比。

一副撲克牌有 54 張牌，有人潛心研究後，發現撲克牌的設計與天文、曆法有著微妙的聯繫。請問撲克牌與天文、曆法到底有著哪些微妙的聯繫？（請至少說出兩點）

馬蓋仙不臭蓋：

（1）紅色標記的鬼牌代表太陽，黑色標記的鬼牌代表月亮。

（2）去掉鬼牌，餘下五十二張牌代表一年有五十二個星期。

（3）四種花色代表一年有四季。

（4）一種花色有十三張牌，代表一季有十三個星期。

（5）12 張 J、Q、K 牌正好與一年中的 12 個月相吻合。

（6）4 種花色中的紅色代表白晝，黑色代表黑夜。

（7）每一季有 91 天，而每組花色 13 張牌的點數相加恰好是 91。

（8）如把整副牌點數相加，再加上黑色鬼牌的 1 點，總點數是 365 點，正好是陽曆平年的天數。假如再加上紅色鬼牌 1 點，則與閏年天數 366 相符。

太陽系的九大行星中，離太陽最近和最遠的分別是什麼星？

馬蓋仙不臭蓋：

分別是水星和冥王星。按照距離太陽從近到遠，依次排列是：水星、金星、地球、火星、木星、土星、天王星、海王星、冥王星。

相傳牛郎和織女被一條銀河隔開，但每年農曆七月初七喜鵲就會為他們搭起一座鵲橋，讓他們相會。天空中真的有牛郎星和織女星嗎？

馬蓋仙不臭蓋：

有，就是天鷹座 α 星和天琴座 α 星。

古時候佛教認為一剎那是多久？

馬蓋仙不臭蓋：

根據《摩訶僧祇律》記載：「一剎那為一念，二十念為一瞬，二十瞬為一彈指，二十彈指為一羅預，二十羅預為一須臾，一日一夜有三十須臾。」據此可推算出一剎那有 0.018 秒。

某艘太空船載著部落客來到月球遊覽，部落客在遊記中寫道：「月球真是個奇妙的地方，在這裡我整天可以見到星星。」請問部落客寫得對嗎？

馬蓋仙不臭蓋：
對，在月球上任何時間都可以看到星星。

冬季時分，天上飄下了美麗的雪花。這些雪花雖然都是六角形的，但長得卻不一樣，請問你能分辨哪些雪花是從極高的天空中落下，哪些是從較低的天空中落下來的？

環保小天使說：
結構比較複雜的雪花是從較高的空中落下的。高空中的雪花降落時還在持續結晶，利用途中遇到的水汽結成新的「分支」，所以花形比較複雜。

PART 03

李大師的國學常識課

被魯迅譽為「史家之絕唱，無韻之離騷」的是哪部作品？

「滾滾長江東逝水，浪花淘盡英雄。是非成敗轉頭空。青山依舊在，幾度夕陽紅。」這是出自哪部古典名著？

「老吾老以及人之老」是中華民族的傳統美德，這句話最早是由誰提出的？

進入國學世界，玩味華夏五千年文化精髓。

「鞠躬」是從鞠祭演化而來的。

李大師好正經：

（對）

商代有一種祭天儀式叫做「鞠祭」：將祭品（豬、牛、羊等）蜷成圓圓的鞠形，放到祭祀處奉祭，以此表達祭祀者的恭敬與虔誠。這種習慣一直保留到現在，演變成為人們在現實生活中，以鞠躬來表達自己對地位崇高者或長輩的崇敬。也就是彎一彎腰，象徵願把自己作為鞠祭的犧牲品奉獻給對方，這就是「鞠躬」的由來。

 名匠魯班是魯國人。

李大師好正經：

（對）

魯班的名字其實是公輸般。他是魯國人，因為般和班是同音，故稱為魯班。

北宋時期的百科全書是《夢溪筆談》。

李大師好正經：

（對）

《夢溪筆談》是北宋一位著名科學家兼政治家沈括的著作。全書內容涉及天文、曆法、氣象、地質、地理、物理、化學、生物、農業、水利、建築、醫藥、歷史、文學、藝術、人事、軍事、法律等諸多領域，因此被稱為北宋時期的「百科全書」。

古代人們身上佩戴的荷包都是成對出現的。

李大師好正經：

（對）

荷包是中國傳統服飾中，人們隨身佩戴的物品，用來裝一些零星小物。荷包通常是成對出現，兩邊的顏色和圖案會故意繡成不同的式樣，佩戴時左右各繫一個，相映成趣。

「新郎」這一稱呼最初所指的是人名。

李大師好正經：

（錯）

「新郎」最初指的是一種官職。從漢朝時期開始，在中央官署裡的侍從官通稱為「郎」。到了唐朝，則對六品以下的官員通稱為「郎」。在封建社會裡，在官貴民賤的思想統治下，百姓都尊稱上述官員為「郎官」或「郎君」。自從唐朝開科取士，凡中了進士的人，就有做官的資格。他們被分到中央官署任「校書郎」、「秘書郎」等「郎」職。所以，人們稱呼新科進士為「新郎官」。

「月上柳梢頭，人約黃昏後」描寫的是中秋節。

李大師好正經：

（錯）

應為元宵節。這兩句詩乃出自歐陽修的《生查子·元夕》，寫的是去年元宵節一對戀人在月光柳影下兩情依依、情話綿綿的景象。全詩內容為：去年元夜時，花市燈如畫，月上柳梢頭，人約黃昏後。今年元夜時，月與燈依舊，不見去年人，淚滿春衫袖。

天葬是藏族的葬禮風俗。

李大師好正經：

（對）

人死了以後，把屍體露天放置，讓自然界的鳥類來啄食屍體，稱之為「天葬」，是藏族人民的古老風俗。

「和尚」一詞是對佛教出家人的稱呼，意思是「以和為尚」。

李大師好正經：

（對）

佛教認為，生老病死都是痛苦的，其根源在於各種欲望。因此為了擺脫痛苦，就必須寡欲，必須修行，忍受人世間的一切疾苦。因而，佛教的人生處世哲學是主張一切調和。「和」即忍耐、服從。「和」是佛教徒所崇尚，且必須遵守的，以「和」為「尚」，即是稱佛教出家人為「和尚」的緣由。

「折柳」是一種什麼習俗？

A. 表示結盟的習俗

B. 表示祝福的習俗

李大師好正經：

B

（B）

「折柳送別」是古代的風俗，就是在與親友分別的時候折下一段柳枝送給即將遠行的親友，表示祝福的意思。

河南出土的商代文物「司母戊鼎」是用什麼材料製作的？

A. 鐵

B. 青銅

李大師好正經：

B

（B）

司母戊鼎是商代後期（約西元前 16 世紀至西元前 11 世

紀）王室祭祀用的青銅方鼎，1939 年 3 月 19 日在河南省安陽市武官村一片農地中出土，因其腹部鑄有「司母戊」三字而得名，是商朝青銅器的代表作。

公開提倡穿「褲子」的是誰？

A. 漢武帝

B. 趙武靈王

李大師好正經：

（B）

　　古時候人們是不穿褲子的，他們穿的是深衣（類似長袍）或裳（類似裙子）來遮蓋，公開提倡穿褲子的是趙武靈王。由於趙國地處中國北方，常要和胡人兵戎相見。趙國人穿深衣，只能坐戰車。胡人穿著類似今天有襠的長褲，騎射十分方便。趙武靈王便萌生了想法，讓趙國人也穿上褲子。結果穿上褲子後的趙國人，便戰勝了胡人。但是穿褲子的習慣真正推廣至整個大中華，卻是在趙武靈王提倡之後的六七百年。

「吾善養吾浩然之氣」是出自哪裡？

A.《孟子》

B.《莊子》

李大師好正經：

（A）

語出《孟子·公孫丑上》。公孫丑問道：「請問，先生擅長什麼？」孟子說：「我善於知悉別人的言辭，也善於培養我的浩然之氣。」公孫丑又問道：「請問什麼是浩然之氣？」孟子說：「這真是難以說清楚呀。它作為一種氣，最廣大、最剛強，用正義去培養它，而不去傷害它，它就會充滿天地四方之間。這種氣必須與義和道相配合；沒有義與道，它就會軟弱無力。這種氣是正義日積月累之下所產生的，不是一時的正義行為就能得到。行為有一點虧心之處，氣就會軟弱無力。」孟子強調的是人的內心修養，即以倫理道德為內涵的思想修養，是「義與道」配合之下而獲得的「浩然之氣」。

元宵節又叫什麼節？

A. 化節

B. 燈節

李大師好正經：

（B）

漢明帝時期，為了提倡佛教，敕令在元宵節點燈，所以又叫「燈節」以表示對佛教的尊敬。

《齊民要術》是關於哪方面的著作？

A. 君主如何統治國家的著作

B. 農業生產和農事活動的著作

李大師好正經：

（B）

　　《齊民要術》是北魏賈思勰所著的一部綜合性農書，書名中的「齊民」指平民百姓，「要術」指謀生方法。大約成書於北魏末年（533～534年），《齊民要術》囊括了6世紀以前黃河中下游地區農牧業的生產經驗、食品的加工與貯藏、野生植物的利用等，對中國古代農學的發展有著重大影響。

「一個是閬苑仙葩，一個是美玉無瑕。若説沒奇緣，今生偏又遇著他；若説有奇緣，如何心事終虛化？……」其中「美玉無瑕」指的是賈寶玉，那麼「閬苑仙葩」指的是誰？

A. 林黛玉

B. 薛寶釵

李大師好正經：

（A）

「閬苑仙葩」指林黛玉，因為葩是草的意思，林黛玉下凡之前是一棵絳珠仙草。「美玉無瑕」是賈寶玉，因為寶玉誕生時所帶之玉是女媧補天用剩的玉。

所謂「粵繡」是廣州、南海、順德等地的「廣繡」以及潮州一帶「潮繡」的總稱。粵繡作品大量出口海外，成為享譽中外的名繡是在什麼年間？

A. 光緒

B. 同治

李大師好正經：

（A）

粵繡從針法上大體分為廣繡和潮繡兩大流派，各有風格，各具特點，但其共同之處都是以構圖飽滿、繁而不亂、色彩濃郁、金碧輝煌、墊繡立體感強等藝術特徵著稱於世，堪稱絲繡中的著名品種。

白描一詞是源自於？

A. 中國畫技法的名稱

B. 西洋畫技法的名稱

李大師好正經：

（A）

白描一詞源自於古代的「白畫」，用墨線勾勒物象，不施色彩，此派代表人物有唐代的吳道子。

以下哪一項符合名菜「東坡肉」的描述？

A. 百姓烹製送給蘇東坡的肉

B. 蘇東坡烹製的肉

李大師好正經：

（B）

這是杭州的一道名菜。相傳宋代蘇東坡在杭州當官期間，有一次外出調查民情，由於事物繁多，直到陰曆十二月二十三日才動身去杭州。當地百姓為了感激他，集資宰了數頭肥豬送給他過年。可是蘇東坡不但不收還親自下廚烹飪豬肉，挨家挨戶送給老百姓，於是當地人稱之為「東坡肉」。後來，杭州這個地方每年除夕夜，家家戶戶都會烹製東坡肉以示紀念。

鳳凰在神話傳說中是一種端莊美麗的鳥，雌鳳凰被稱為什麼？

A. 鳳

B. 凰

李大師好正經：

（B）

鳳是雌鳥，在古代經常以鳳代指求婚之男方；而凰是雄鳥，以凰代指求婚之女方。所以男女求婚便被稱為鳳求凰。

蘇繡是民間四大繡派之一，以擅長繡什麼圖案出名？

A. 獅虎

B. 貓

李大師好正經：

（B）

蘇繡、粵繡、湘繡、蜀繡被稱為中國四大名繡，他們的刺繡風格因地而異，其中蘇繡以繡「貓」聞名，現代作品的代表是雙面繡《貓》。

164

舞獅是一項傳統民間藝術，有南獅和北獅之分，其中哪一種風格的獅頭乃是以劉備、關羽、張飛等三國人物的戲曲臉譜來打造的？

A. 南獅

B. 北獅

李大師好正經：

（A）

　　「南獅」是富有南方風格的一種獅形，額高而窄，眼大而能轉動，口闊，背寬、鼻塌、面頰飽滿，牙齒能隱能露。其中文獅以劉備、關公作臉譜，舞獅以張飛作臉譜，極富誇張色彩，活潑生動。

「爆竹聲中一歲除，春風送暖入屠蘇」，這裡的「屠蘇」指的是什麼？

A. 蘇州

B. 酒

李大師好正經：

（B）

這兩句詩出自王安石的《元日》：「爆竹聲中一歲除，春風送暖入屠蘇。千門萬戶瞳瞳日，總把新桃換舊符。」詩中的「屠蘇」是指屠蘇酒，飲屠蘇酒也是古時過年的風俗。

在「網開一面」的典故中，「網」是用來做什麼的？

A. 捕鳥

B. 捕魚

李大師好正經：

（A）

「網開一面」出自西漢・司馬遷《史記・殷本紀》：「湯出，見野張網四面，祝曰：『自天下四方，皆入吾網。』湯曰：『嘻，盡之矣！』乃去其三面。」意思是：把捕禽的網撤去三面，只留一面。比喻採取寬大態度，為人留一條出路。

典故「名落孫山」的「孫山」指的是誰？

A. 中榜人的名字

B. 落榜人的名字

李大師好正經：

（A）

出自宋·範公偁《過庭錄》：「吳人孫山，滑稽才子也。赴舉他郡，鄉人托以子偕往。鄉人子失意，山綴榜末，先歸。鄉人問其子得失，山曰：『解名盡處是孫山，賢郎更在孫山外。』」意思是：名字落在榜末孫山的後面，意指落榜。

朝鮮族的傳統服飾是短衣長裙。短上衣斜襟，以長布帶打結，男子也穿短衣，外罩坎肩，那麼他們穿不穿長袍呢？

A. 穿

B. 不穿

李大師好正經：

（A）

朝鮮族不分男女都喜歡穿素白色的服裝，顯示他們喜愛清淨樸素的個性。婦女服裝，上身是白色斜襟的短衣，垂著飄帶；下身是裙子，分長裙和短裙。長裙到腳背，短裙僅過膝，又分筒裙和纏裙兩種。男子在短衣外加坎肩，下面則穿比較寬大的褲子，外出時再穿上斜襟並以布帶做紐扣的長袍。

下面哪句話是孔子說的？

A. 有朋自遠方來，不亦樂乎

B. 天下興亡，匹夫有責

李大師好正經：

（A）

這句話出自《論語·學而》：「學而時習之，不亦說乎？有朋自遠方來，不亦樂乎？人不知而不慍，不亦君子乎？其中「有朋自遠方來，不亦樂乎」的意思是有朋友自遠方而來，不也是一件很快樂的事情嗎？現在這句話常被用來對遠道而來的朋友表示歡迎。

四大名著之一的《三國演義》中，「三國」是指哪三國？

A. 魏、蜀、吳

B. 韓、趙、魏

李大師好正經：

（A）

三國是繼東漢之後出現的時代稱號，當時由於魏、蜀、

吳三個國家鼎立而得名。狹義認定三國始於 220 年曹魏滅東漢，結束於 265 年西晉滅曹魏。但史家也常以廣義認定，自 184 年東漢爆發黃巾之亂起便為三國之始，以 280 年晉滅東吳為終。

「女大十八變」這句人人常說的話最早出自哪裡？

A. 舞臺人物之口

B. 佛家語言

李大師好正經：

（B）

　　「女大十八變」這句話一般都用來指女孩從小到大容貌的巨大變化，大多是用來誇讚的。這句俗語最早是佛家語言，原指龍女通神善變。據《景德傳燈錄‧幽州譚空和尚》中記載，有一女尼想開堂說法，就去問師父，師父答道：「尼女家不用開堂。」女尼反問道：「龍女八歲成佛，又怎講？」師父說：「龍女有十八變，你與老僧試一變看看。」

大興安嶺嘎仙洞石室，是古代哪個民族的發源地？

A. 鮮卑

B. 羌族

李大師好正經：

（A）

嘎仙洞位於大興安嶺北段頂巔偏東、嫩江西岸支流甘河上源的一條山谷之中，地處呼倫貝爾市鄂倫春自治旗境內。是鮮卑族的發源地，1980 年 7 月 30 日，文物學者在嘎仙洞內石壁上發現了北魏太平真君四年（西元 443 年）的石刻祝文，為北魏皇帝派中書侍郎李敞來此祭祖時所刻。

下面哪句詩的作者離開家的時間較長？

A. 人歸落雁後，思發在花前

B. 兒童相見不相識，笑問客從何處來

李大師好正經：

（B）

「兒童相見不相識，笑問客從何處來」出自賀知章的《回鄉偶書》，全詩內容：「少小離家老大回，鄉音未改鬢毛衰。兒童相見不相識，笑問客從何處來？」點出他闊別家鄉多年的惆悵心思。

「玉不琢，不成器。人不學，不知義。」是出自《三字經》嗎？

A. 是

B. 不是

李大師好正經：

（A）

　　這是《三字經》中的名句。意思是：玉石不經過雕琢，就不能用來做器物。人不學習，就不明事理。玉石原本包裹在其貌不揚的岩石裡，必需經過打磨、雕刻、拋光、鑲嵌等工序，才能變成無價之寶。人要成為有用之才，也要經過勤學苦練、承受各種考驗和壓力，才能明白什麼是美好的品德。

「天地玄黃，宇宙洪荒。日月盈昃，辰宿列張」出自哪一本經典？

A.《千字文》

B.《尚書》

李大師好正經：

（A）

這是《千字文》中的名句。意思是天是青黑色的，地是黃褐色的，宇宙最初是一個混沌蒙昧的狀態。日升月落圓缺都有規律，辰星佈滿了天空。這是對宇宙之初的介紹，也是後人對天地誕生之前的想像。

《西遊記》中的火焰山位於哪裡？

A. 甘肅

B. 新疆

李大師好正經：

（B）

吐魯番窪地夏季炎熱，素有「火州」之稱。盆地中部有座紅色砂岩構成的低矮山脈，猶如火焰，那就是著名的「火焰山」。

在斟酒倒茶的時候為了向對方表示感謝，人們常會彎曲手指輕叩桌面，請問這起源於什麼禮節？

A. 朋友之間的見面禮

B. 官員之間的上下級之禮

C. 君臣之禮

李大師好正經：

（C）

　　相傳乾隆皇帝下江南微服私訪時，因為必需扮作百姓，隨從們朝見或者請旨問安時，不方便行「三跪九叩」之禮，但是在當時的封建社會之中，這些君臣之禮不可廢除，於是有一個臣子提出以「手」代「首」，三指彎曲表示「三跪」，指頭輕叩九下表示「九叩首」。後來演變成民間斟酒倒茶之時，客人向主人表示感謝的禮節，叩擊的次數也隨意。

高爾夫球類似古代哪項遊戲？

A. 擊鞠

B. 捶丸

C. 蹴鞠

李大師好正經：

（B）

擊鞠就是古代的馬球，蹴鞠類似現代的足球。

「終南捷徑」中的主人翁以哪種方式做了官？

A. 隱居

B. 出家

C. 占卜

李大師好正經：

（A）

　　唐朝的盧藏希望能做官，便隱居在離京城只有咫尺之遙的終南山，後來果然以「高士」的名義獲召做官。當時人們認為隱居是通向做官的途徑，也就是「終南捷徑」。

王昭君沒有得到漢元帝召見就遠嫁匈奴單于，最直接的原因是什麼？

A. 王妃對她的陷害

B. 畫師歪曲她的形象

C. 大臣說她的壞話

174

李大師好正經：

（B）

王昭君是中國歷史上才貌雙全的四大美女之一，但她因不肯行賄宮廷畫師毛延壽而被醜化，失去了獲得漢元帝青睞的機會而被派往匈奴和親。漢元帝知道這件事情之後，便將畫師毛延壽問斬。

成語「擲地有聲」原指晉朝人孫綽誇讚自己的什麼才幹？

A. 文章好

B. 人品好

C. 名氣大

李大師好正經：

（A）

晉人孫綽是當時的名士，他寫了一篇《天臺山賦》，自認為寫得很好，得意地對他朋友說，就算扔在地上也會發出鏗鏘響亮的聲音。後簡化為「擲地有聲」，形容文章優美，字字有分量。

被譽為「鞠躬盡瘁，死而後已」的人是誰？

A. 諸葛亮

B. 關羽

C. 魯肅

李大師好正經：

（A）

語出三國諸葛亮的《後出師表》：「臣鞠躬盡瘁，死而後已。」意思說，我一定會小心謹慎，竭盡全力貢獻出全部精神和力量，一直到死為止。

人們把女子垂在前額的整齊短髮稱之為「劉海」，請問這個名詞最初指的是什麼？

A. 孩子的名字

B. 小孩前額的頭髮

C. 小孩腦後的辮子

李大師好正經：

（A）

這個名詞來源於一個傳說。有一個叫做劉海的仙童，前

額垂著短髮，模樣童稚可愛。此後畫家畫仙童肖像，便以劉海為樣，作為美好的象徵。而後孩子或婦女額上留的短髮，便被稱為「劉海」。

「天行有常，不為堯存，不為桀亡」這是古代哪位思想家的言論？

A. 老子

B. 墨子

C. 荀子

李大師好正經：

（C）
這句話出自戰國末年著名思想家荀況的著作《荀子》。

「會當淩絕頂，一覽眾山小」是杜甫的名句。這是他登上哪座山之後所發出的感慨？

A. 黃山

B. 泰山

李大師好正經：

（B）

這兩句詩乃出自杜甫的《望嶽》，是現存杜詩中年代最早的一首。詩人到了泰山腳下，卻並未登山，故題作「望嶽」。詩篇描繪了泰山雄偉磅礴的氣象，抒發詩人嚮往登上絕頂的壯志。表現出一種敢於進取、積極向上的人生態度，極富哲理性。全詩的內容如下：「岱宗夫如何，齊魯青未了。造化鐘神秀，陰陽割昏曉。蕩胸生層雲，決眥入歸鳥。會當凌絕頂，一覽眾山小。」

「草聖」是指哪位書法家？

A. 張旭

B. 王羲之

C. 張芝

李大師好正經：

（A）

張旭，字伯高，又字季明，吳郡（江蘇蘇州）人。張旭為人灑脫不羈，豁達大度，卓爾不群，才華橫溢，學識淵博，是一位極有個性的草書大家。張旭的書法，以草書成就最高，史稱「草聖」。

子在川上曰：「逝者如斯夫！不舍晝夜。」其中「逝者」指的是什麼？

A. 失去的人

B. 消逝的時光

C. 流淌的水

李大師好正經：

（B）

時間就像這奔流的河水一樣，不論白天黑夜不停地流逝。

「東風不與周郎便，銅雀春深鎖二喬。」這首詩的作者所生活的年代，與詩中所描述的歷史事件所發生的年代，大約相隔了多久

A. 400 年

B. 500 年

C. 600 年

李大師好正經：

（C）

這首詩是唐代詩人杜牧所寫的《赤壁》。赤壁之戰發生在西元 208 年，杜牧的年代則是西元 8 百多年間，相差了大約 600 年。其實，只要知道杜牧是晚唐詩人，這一題就不難了。他和李商隱被後人合稱為「小李杜」，是晚唐非常有名的一位詩人。

筵席中，只是暫時離開，待會還會再繼續用餐，這時可以把筷子直放在碟子或調羹上。請問筷子如何放置，代表已經酒醉飯飽，不再用膳了。

A. 斜放在碟子上

B. 橫放在碟子上

C. 分開放在碟子上

李大師好正經：

Ⓑ

（B）

將筷子橫放在碟子上，那就表示酒醉飯飽，不再進膳了。吃飽但不收拾碗碟，表示「人不陪君筷陪君」。這種橫筷的禮儀，自古就有了。橫筷禮一般用於平輩或比較熟悉的朋友之間。小輩為了表示對長輩的尊敬，必須等長者先橫筷之後才可跟著這麼做。

《史記》是西漢文學家兼思想家——司馬遷的不朽之作，其中《本紀》有幾篇？

A. 30 篇

B. 12 篇

C. 10 篇

李大師好正經：

（B）

　　《本紀》有 12 篇，寫的是歷代帝王的政績；《世家》有 30 篇，記錄歷代王侯將相等人的事蹟；《列傳》有 20 篇，寫的是名人以及下層社會一些主要或者特殊人物的傳記。

下列有關《三國演義》的描述，哪一項正確？

A. 劉備字玄德，曹操字孟德，張飛字翼德。

B.「三英戰呂布」，「三英」是一個地名。

C.「桃園三結義」指的是關羽、張飛、趙雲。

李大師好正經：

（A）

　　「三英戰呂布」是《三國演義》中的一個故事情節，講

的是劉備、關羽、張飛三位英雄在虎牢關與呂布大戰的故事，見《三國演義》第五回。「桃園三結義」的主人翁是劉備、關羽和張飛。

信奉佛教的人常雙手合十，口唸「阿彌陀佛」，「阿彌陀佛」是指什麼？

A. 一尊佛的名字

B. 經文警句

C. 一種意念

李大師好正經：

（A）

　　阿彌陀佛掌理「西方極樂世界」。印度佛經《阿彌陀經》上說，信佛者只要常念阿彌陀佛的名號，臨死之前佛就會現前，將虔心禮佛者接引至「極樂世界」。所以，佛教的信仰者經常口念「阿彌陀佛」。

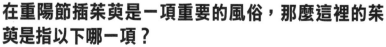

在重陽節插茱萸是一項重要的風俗，那麼這裡的茱萸是指以下哪一項？

A. 草

B. 果實

C. 花

李大師好正經：

（B）

　　茱萸是一種可以做中藥的果實。它是一種小喬木，果實在秋後成熟，嫩時呈黃色，成熟後變成紫紅色。

假如你剛好來到一座寺廟外，需向一位僧人問路，你應該怎麼稱呼呢？

A. 出家人

B. 和尚

C. 大和尚

李大師好正經：

（C）

　　見到僧人，一般要稱「法師」或「大和尚」，不要直稱為「出家人」、「和尚」，這些稱呼是不禮貌的。

「喇叭」是對什麼樂器的俗稱？

A. 嗩吶

B. 海笛

C. 手笛

李大師好正經：

（A）

　　嗩吶又名喇叭，小嗩吶稱手笛，大嗩吶又稱海笛。嗩吶是指在木製的錐形管上開八孔（前七後一），管的上端裝有細銅管，銅管上端套有雙簧的葦哨，木管上端有一銅質的碗狀擴音器。嗩吶雖有八孔，但第七孔音與筒音超吹音相同，第八孔音與第一孔音超吹音相同。

馬頭琴是哪一民族的拉絃樂器？

A. 蒙古族

B. 藏族

C. 苗族

李大師好正經：

（A）

　　馬頭琴是中國少數民族－－蒙古族的拉絃樂器，因琴杆上端雕有馬頭而得名。馬頭琴的歷史悠久，是唐宋時期拉絃樂器「奚琴」發展演變而來。成吉思汗時（1155～1227 年）已流傳民間。

「琵琶」中的「琵」和「琶」最初指的是以下哪一項？

A. 兩種彈奏方法

B. 兩種樂器

C. 兩個人

D. 兩種植物

李大師好正經：

（A）

　　古時候所謂的琵琶，不只是現在我們看到這種，有著梨形共鳴箱的樂器，而是泛指多種彈撥樂器，雖然形狀類似，但大小有別，像現在的柳琴、月琴等，都可說是琵琶類樂器。「琵」、「琶」兩個字其實是樂器的彈奏技法，琵是右手向前彈，琶是右手向後彈。

《史記》中不可能寫到的人物是以下哪一位？

A. 孔子

B. 孔融

C. 劉備

D. 劉邦

李大師好正經：

（B）

《史記》記載了內容從上古傳說中的黃帝時代，直至漢武帝元狩元年（西元前122年），共3000多年的歷史。而孔融生活的年代是153～208年，所以《史記》中不可能寫到孔融。

下列哪一部作品屬於儒家經典「四書五經」的「五經」？

A. 《大學》

B. 《中庸》

C. 《論語》

D. 《春秋》

李大師好正經：

（D）

四書五經是四書和五經的合稱，是中國儒家的經典書籍。四書是指《論語》、《孟子》、《大學》和《中庸》。五經指《詩經》、《尚書》、《禮記》、《周易》、《春秋》，簡稱為「詩、書、禮、易、春秋」。其實本來應該有六經，還有一本《樂經》，合稱「詩、書、禮、樂、易、春秋」，但《樂經》以於秦末戰火中遭毀，只剩下五經。

破除「滿漢不通婚」這個祖訓的是以下哪位皇帝？

A. 雍正

B. 乾隆

C. 道光

D. 康熙

李大師好正經：

（B）

　　據歷史記載，乾隆皇帝有個十分寵愛的女兒，這位公主臉上長了一顆黑痣，相士為她算命結果「主災」，須嫁給比王公大臣更顯赫的家族才能「免災」。於是乾隆想到了山東曲阜的孔府。但孔氏乃漢人，按照祖訓，滿漢不通婚。於是乾隆皇帝巧妙安排，先把女兒送到漢族大臣于敏中家裡做乾女兒，然後以乾女兒的身份嫁給孔子第七十二代嫡孫衍聖公孔憲培。

「已知天定三分鼎，猶竭人謀六出師。」這是對誰的描述呢？

A. 岳飛

B. 辛棄疾

C. 諸葛亮

D. 杜甫

李大師好正經：

（C）

「已知天定三分鼎」，說的是隆中對。「猶竭人謀六出師」，說的是六出祁山。

下列地支與其十二生肖配對正確的是？

A. 子——兔

B. 巳——蛇

C. 酉——猴

D. 申——雞

李大師好正經：

（B）

十二生肖是由十一種源於自然界的動物即鼠、牛、虎、兔、蛇、馬、羊、猴、雞、狗、豬以及傳說中的龍所組成，用於記年，順序排列為子鼠、丑牛、寅虎、卯兔、辰龍、巳蛇、午馬、未羊、申猴、酉雞、戌狗、亥豬。

日蝕必定發生在農曆的哪一天？

A. 初一

B. 初八

C. 十五

D. 二十三

李大師好正經：

（A）

月球在農曆的初一會運行到太陽和地球之間，日蝕的發生必定在這個時間。但並不是每逢初一都有日蝕現象，那是因為月球軌道和地球軌道面之間有著 5° 左右的夾角。

被魯迅譽為「史家之絕唱，無韻之離騷」的是以下哪一項？

A. 《左傳》

B. 《戰國策》

C. 《史記》

D. 《資治通鑑》

李大師好正經：

（C）

《史記》對後世史學和文學的發展有著深遠的影響。其首創的紀傳體編史方法為後來歷代「正史」所傳承。同時《史記》還被認為是一部優秀的文學著作，在中國文學史上有重要地位，被魯迅譽為「史家之絕唱，無韻之離騷」。

「風馬牛不相及」中的「風」原意是指什麼？

A. 大風

B. 風光

C. 走失

D. 傳説

李大師好正經：

（B）

「風馬牛不相及」出自《左傳・僖公四年》。原為楚國君主責問齊君為何伐楚所用的比喻：「君處北海，寡人處南海，唯是風馬牛不相及也，不虞君之涉事地也，何故？」風有放逸以及畜類兩性相追逐的意思，指齊、楚兩地相距甚遠，馬、牛不會走失至對方地界。

四大名硯之冠的端硯產生於哪個朝代？

A. 唐朝

B. 宋朝

C. 元朝

D. 清朝

李大師好正經：

（A）

　　端硯乃自唐朝初年就開始生產了。不過，當年的端硯純粹是文人墨客書寫的實用工具，石面上無任何圖案花紋裝飾，顯得粗陋、簡樸，唐朝李肇的《唐國史補》記載：「內邱瓷甌，端州紫石硯，天下無貴賤通用之」。

古時候的人常用貶義詞來稱呼自己的妻子和孩子，認為那是謙稱。如：稱呼自己的兒子為「犬子」，那麼稱呼自己妻子時叫什麼呢？

A. 夫人

B. 妻子

C. 糟糠

D. 老婆

李大師好正經：

（C）

「糟糠」一詞從字面上看，很容易被誤認為指妻子如同食物中的酒糟、米糠之類的粗劣食物。但是其原文本無貶義，「糟糠」是指吃粗劣食物的貧苦生活，「糟糠之妻」指貧窮時共患難、同甘苦的妻子。

京劇服裝中男性角色身上穿的蟒袍是以下哪一種動物？

A. 蛇

B. 豹

C. 龍

D. 鳳

李大師好正經：

（C）

蟒袍上的花紋與龍相似，只是少一爪，所以稱為「蟒」。紋樣主要是龍及「蟒水」（海水江牙），陪襯紋樣為日、山流雲等。

192

位於北京城裡的天壇古時候是用來做什麼的？

A. 觀測天相

B. 祭天

C. 舉辦皇帝登基典禮

D. 拜祖

李大師好正經：

（B）

天壇是中國大陸現存的古代祭祀性建築群，是明清兩代皇帝祭祀天地之神和祈禱五穀豐收的地方。

在唐代長安城內被稱為「新羅人」的就是今日我們所說哪裡人？

A. 朝鮮人

B. 越南人

C. 俄國人

D. 新疆人

李大師好正經：

（A）

唐朝時候所說的新羅人指的就是朝鮮人，新羅在 675 年的時候統一朝鮮半島，與唐朝的貿易往來十分密切。

佛教中的「十惡」最後一惡是哪一項？

A. 妄語

B. 邪見

C. 惡口

D. 貪欲

　　李大師好正經：

　　（B）

　　佛教「十惡」依次為：殺生、偷盜、邪淫、妄語、兩舌、惡口、綺語、貪欲、嗔恚、邪見。

史上第一位去印度取經的人是誰？

A. 蔡悟

B. 慧景

C. 玄奘

D. 慧倫

李大師好正經：

（B）

　　早在西元 400 年，法顯與慧景、道正、慧應等從西安出發，經過西域至天竺，遊歷 30 多個國家，前後歷時 14 年，收集了大批梵文經典。

電影《一江春水向東流》的片名取自古代哪一位詩人的句子？

A. 辛棄疾

B. 李煜

C. 宴殊

D. 李清照

李大師好正經：

（B）

　　這個片名選自李煜的《虞美人》：「春花秋月何時了，往事知多少。小樓昨夜又東風，故國不堪回首月明中。雕闌玉砌應猶在，只是朱顏改。問君能有幾多愁，恰似一江春水向東流。」

「打起黃鶯兒，莫教枝上啼。」這首詩的作者這樣做的原因，是因為黃鶯的聲音怎麼樣呢？

A. 聲音不好聽

B. 干擾應試迎考

C. 影響了彈琴

D. 攪了思念征人的夢

李大師好正經：

(D)

此詩出自金昌緒的《閨怨》，下句是「啼時驚妾夢，不得到遼西」。這是一首抒寫兒女之情的詩，刻劃著那個時代的故事。它是一首懷念征人的詩，反映了當時兵役制度下廣大人民所承受的痛苦。

「分道揚鑣」的「鑣」是指什麼東西？

A. 馬鞭子

B. 馬蹄子

C. 馬尾巴

D. 馬嚼銜

李大師好正經：

（D）

　　鑣是指馬嚼銜。揚鑣指驅馬前行。「分道揚鑣」即提起馬嚼銜驅馬前進，指分路而行。比喻志趣不同，各走各的道路。

「落地為兄弟，何必骨肉親」這句詩的作者是誰？

A. 陶淵明
B. 李白
C. 李牧
D. 蘇軾

　　李大師好正經：

（A）

　　這是陶淵明《雜詩》中的第一首。全詩為：「人生無根蒂，飄如陌生塵。分散逐風轉，此已非常身。落地皆兄弟，何必骨肉親。得歡當做樂，鬥酒聚比鄰。盛年不再來，一日難再晨。及時當勉勵，歲月不待人。」

皇帝什麼時候開始穿「黃袍」？

A. 春秋

B. 秦朝

C. 隋朝

D. 唐朝

李大師好正經：

（D）

　　唐朝以前的皇帝，對穿什麼顏色的衣服並沒無定制。春秋時期齊桓公就喜歡紫色的衣服，秦始皇則按照水金火木土與青赤黃白黑分別相配，穿黑色的袍服。到了隋朝，文帝、煬帝著黃袍，但是也沒有明令禁止他人穿黃色衣服。直到唐高祖時，他不喜歡別人和自己同著黃袍，才下令「庶不得以赤黃為衣服」。唐高宗時又重申「一切不許著黃」，但是這時的規定並不是很嚴格，一般百姓著黃依然多見。

古今許多文藝作品中，形容美人或者戀人的眼神時，常用眉目傳情、暗送秋波等成語。那麼，「秋波」一詞最早見於哪一時代？

A. 唐代

B. 宋代

C. 元代

D. 明代

李大師好正經：

（B）

　　據有關資料顯示，「秋波」一詞最早見於宋代大文豪蘇軾的《百步洪》一詩，詩中有這樣兩句：「佳人未肯回秋波，幼輿欲語防飛梭。」這裡面的「幼輿」是指晉代的謝鯤，謝鯤的字叫做「幼輿」。謝鯤曾挑逗鄰居家的女子，被女子擲梭打落了兩顆門牙。這兩句詩描寫一位男子想和心上人說句話，卻又沒有看到佳人眼神中是否有接納自己的意思。故而在欲語未語之時，首先想到了謝鯤被飛梭擊落門牙的故事，心有所忌又心有不甘。

俗話說：「一寸光陰一寸金。」這裡的「一寸」是用哪種古代計時器量出的時間單位？

A. 圭表

B. 日晷

C. 漏刻

D. 漏壺

李大師好正經：

（A）

　　圭表是最古老的一種計時器，古代典籍《周禮》中就有

關於土圭的記載，圭表是利用太陽射影的長短來判斷時間的。它由兩部分組成，一是直立於平地上用來測日影的標杆或石柱，叫做表；一為正南正北方向平放，用來測定表影長度的刻板，叫做圭。既然日影可以用長度單位計量，那麼光陰之「陰」，即時間的長短，也就可用「分」、「寸」來計量了。

在中華傳統茶藝中，紫砂壺一般是用來泡那種茶的？

A. 紅茶

B. 綠茶

C. 烏龍茶

D. 黑茶

李大師好正經：

（C）

茶葉可分為紅茶、綠茶、烏龍茶、黑茶、白茶、黃茶。在傳統的茶藝文化中，紅茶最好用瓷質茶具來沖泡；綠茶最好用玻璃茶具來沖泡，可觀其形，觀其色；烏龍茶最好用紫砂壺來泡，因為紫砂壺透氣性好。

裙子是婦女朋友們喜愛的服飾，穿裙子的歷史由來已久。請問裙子最早出現於哪個朝代？

A. 隋朝

B. 秦朝

C. 三國時期

D. 唐朝

李大師好正經：

（C）

　　裙子的出現歷史悠久。相傳四千多年前帝王即定下「上衣下裳」的制度，那時的「裳」即為裙子。裙子在古代是男女通用的。直到三國時期，男子才漸漸穿起褲、袍，裙子就成為婦女的專用服飾。

重陽節的習俗除了登高、賞菊、插茱萸，還要喝什麼酒？

李大師好正經：

菊花酒。重陽節是揉合多種民俗為一體的漢族傳統節日。慶祝重陽節的活動包括出遊賞景、登高遠眺、觀賞菊花、遍插茱萸、吃重陽糕等活動。農曆九月俗稱菊月，人們經常在這個時節舉辦菊花大會，大家紛紛赴會賞菊。從三國魏晉以來，重陽聚會賞菊、賦詩和飲菊花酒已成傳統風俗。

《紅樓夢》中的四大家族分別為哪幾個姓？

李大師好正經：

賈、史、王、薛。《紅樓夢》是以賈、史、王、薛四大家族為背景，以賈寶玉、林黛玉的愛情悲劇為主軸，描寫榮寧二府由盛轉衰的過程，生動而寫實地描繪出封建社會的興衰，是中國古典小說的巔峰之作。

中國古代名醫華佗為誰所殺？

李大師好正經：

華佗為曹操所殺。相傳曹操患有嚴重的偏頭痛，請了很多醫生治療，都不見成效。聽說華佗醫術高明，便請他醫治，結果華佗只替曹操扎了一針，頭痛立止。曹操害怕偏頭痛再發作，想請華佗當自己的侍醫。但華佗不慕功利，不願做這種形同僕役的侍醫，遂以回家取藥方為藉口離開，不管曹操怎麼催促他就是不肯回來。後來曹操大發雷霆，派人把他抓了回來，仍舊請他治病，華佗診斷之後說：「丞相的病已經很嚴重，不是針灸可以奏效的了。我想還是讓你服麻沸散，然後剖開頭顱，施行手術，這才能除去病根。」曹操一聽，勃然大怒，指著華佗厲聲斥道：「頭剖開了，不是沒命了嗎？」他以為華佗意圖謀害，竟然把這位在醫學上有重大貢獻的醫生給殺害了。

請根據敘述，猜猜這位人物是誰？

（1）他自幼就有「神童」之稱，後來他做了內閣大學士，成為皇帝的顧問。

（2）他是史上著名的改革家，對明代政治、軍事、經濟進行一系列的改革，整頓吏治，提高行政效率。並用名將戚繼光等，加強防禦，推行一丈鞭法，丈量土地。

（3）他是萬曆年間的宰相，因常獨攬大權於一身，所以許多歷史工作者稱他為「權相」，死後因涉嫌貪污遭到抄家。

李大師好正經：

張居正。

對聯中的上聯應該貼在門框的左邊還是右邊？

李大師好正經：

右邊。貼對聯都是把上聯貼在門框的右邊，下聯貼在門框的左邊。

石油在古代就有了，但是當時不叫石油而是叫做「石漆」，正式被稱作石油是在北宋嗎？

李大師好正經：

是的。秦漢的時候就已經有了石油的記錄，那個時候叫「石漆」。正式把石漆叫做石油的是北宋的沈括。他在《夢溪筆談》這部作品中說：「延境內有石油，舊說高奴縣出『脂水』即是也。」

最早的床是在西周時出現的嗎？

李大師好正經：

　　不是，最早的床出現在商代。在原始社會時期，人們的生活比較簡陋，睡覺只是簡單鋪一些植物的枝幹和獸皮而已，直到掌握了編織技術後，才開始鋪墊席子。席子出現之後，床也就隨之出現了。商代的甲骨文中，已經有形狀像床的「㲋」，這表示商代已經有了床。但是從實務來看，最早的床是在一座大型楚墓中發現的，上頭刻畫著精緻的花紋，周圍有欄杆，下有六個矮足，高僅有 19 公分。

「天干」一共有多少個字？

李大師好正經：

　　十二個字。分別為甲、乙、丙、丁、戊、己、庚、辛、壬、癸。

誰是東漢傑出的科學家兼文學家？

李大師好正經：

　　張衡。張衡是東漢時期偉大的天文學家、數學家、發明家、地理學家、製圖學家和詩人。在中國歷史中，於天文學、機械技術、地震學的發展有著重要貢獻。在數學、地理、繪畫和文學等方面，張衡也表現出了非凡的才能和廣博的學識。

餃子是「醫聖」張仲景發明的嗎？

李大師好正經：

　　是。餃子史稱「嬌耳」，是由醫聖張仲景發明的。張仲景在長沙為官時，常為百姓除疾醫病。有一年當地瘟疫盛行，他在衙門口架起大鍋，行醫救人，深得長沙人民的愛戴。張仲景告老還鄉後，經過家鄉白河岸邊時，見到很多窮人饑寒交迫，耳朵都凍爛了。於是他仿照在長沙的做法，要弟子搭起醫棚，架起大鍋，在冬至那天為窮人行醫治傷。此藥方叫「祛寒嬌耳湯」，即將羊肉、辣椒和一些祛寒藥材入鍋煮熬，煮好後再把這些東西撈出來切碎，用麵皮包成耳朵狀的「嬌耳」，下鍋煮熟後分給乞藥的病人食用。每人兩隻嬌耳、一碗湯。人們喝下祛寒湯後渾身發熱，血液通暢，兩耳變暖。食用數日後，病人的爛耳朵就好了。後來，人們稱這種食物為「嬌耳」、「餃子」或「餛飩」，並在冬至和大年初一食用，以紀念張仲景。

「月到中秋分外明」是為什麼？

李大師好正經：

　　月亮的光線是反射太陽的光線。地球圍繞太陽轉動，月亮圍繞地球轉動。八月十五這天，月亮離地球較近，所以看起來要更亮。

「和尚敲木魚」是為了警醒嗎？

李大師好正經：

對。相傳有人問天竺長老：「僧人在住處懸掛木魚，是什麼意思呢？」天竺長老回答說：「為了警醒眾人。」佛教經典的主旨都是講述心靈的洗練方法，目的就是恢復人的本心。只要心能磨洗成一面鏡子，就能明瞭人生和宇宙的真理。

「似曾相識燕歸來」的上一句是什麼？

李大師好正經：

無可奈何花落去。「無可奈何花落去，似曾相識燕歸來」乃出自晏殊的《浣溪沙·春恨》：「一曲新詞酒一杯，去年天氣舊亭台。夕陽西下幾時回？無可奈何花落去，似曾相識燕歸來。小園香徑獨徘徊。」

「耳順」指什麼年紀？

李大師好正經：

六十歲。孔子曾說：「吾，十有五，而志於學，三十而立，

四十而不惑，五十而知天命，六十而耳順，七十而從心所欲，不逾矩。」

仰紹文化是歷史上哪個時代的文化？

李大師好正經：

仰紹文化是黃河中游重要的新石器時代文化。1921 年仰紹文化在河南省澠池縣仰韶村被發現，所以被稱為仰紹文化，時間大約在西元前 5000 年至西元前 3000 年。地區則分佈在整個黃河中游，從今天的甘肅省到河南省之間。至今已發現上千處仰紹文化的遺址，其中以河南省和陝西省為最多，是仰紹文化的中心。

PART 04

經濟大師
的
金融常識

牛市跟熊市，是指賣牛和賣熊的市場嗎？

歷史上最早使用紙幣的是哪一個朝代？

恩格爾係數（Engel's Coefficient）
是什麼意思？

以下哪一個銀行是最早出現的近代銀
行？

歐元紙幣有哪 7 種面額？

保險公司能買保險嗎？

什麼叫「財政赤字」，為什麼叫「赤字」？

讓經濟大師告訴你一切相關知識，從此
你將應對自如，信心倍增。

中國貨幣史上第一個貨幣立法是指秦始皇時期半兩錢的規定。

經濟大師怎解：

（對）

西元前 221 年，秦始皇統一中國，接著實行了一系列鞏固封建中央集權的措施，統一貨幣就是其中之一。統一的貨幣分黃金和銅錢兩種，黃金為上幣，以鎰為單位，銅錢為下幣，按枚使用，幣面鑄有「半兩」二字，表明每枚的重量是半兩，史稱半兩錢。同時禁止其他財物作為貨幣流通。

艦隊街（Fleet St.）之名是因為這條街陳列著各種不同時期退役下來的艦艇。

經濟大師怎解：

（錯）

艦隊街（Fleet St.）只是英國倫敦西部的一條街。這條

街之所以出名，是因為過去英國的大型報館、出版社和媒體集團的總部大多設在這條街附近。即使今日主要媒體的辦公室都已經搬離這條街，這個街名依舊是英國媒體業的代名詞。

所謂紅籌股是指在海外股票市場上，那些在其所屬行業內佔有重要支配地位、業績優良、成交活躍、紅利優厚的大公司股票。

經濟大師怎解：

（錯）

在海外股票市場上，投資者把那些在其所屬行業內佔有重要支配地位、業績優良、成交活躍、紅利優厚的大公司股票稱為藍籌股。紅籌股這一概念誕生於 90 年代初的香港股票市場。香港和國際投資者把在境外註冊、在香港上市的那些帶有中國內地概念的股票稱為紅籌股。

白廳（Whitehall）是英國最著名的會議廳。

經濟大師怎解：

（錯）

白廳是英國倫敦市內的一條街。在這條街上設有一些英國政府機關，因此在新聞報導中，常用「白廳」來代表英國政府行政部門。

 在股市交易常能聽到「斬倉」這個詞，所謂「斬倉」就是將股票全部拋出。

經濟大師怎解：

（錯）

在股市術語中，建倉（Take Position，也叫開倉）是指買入股票；持倉（Position）就是指手持股票不賣，見機行事；斬倉（Cut Position，又稱割肉、停損）就是指將股票賠本賣出；空倉就是指將股票全部拋出。

 在股市術語中，多頭也稱淡友。

經濟大師怎解：

（錯）

股市術語中，多頭是指後市看好，他們認為在多頭時買入股票，有利日後股價上漲時拋出。多頭也稱好友。空頭是指後市看壞，在這個時機應該售出股票，待日後股價下跌再行買入。空頭也稱淡友。

只有股市上看得到的才叫股票。

經濟大師怎解：

（錯）

　　股票有很多種，有由國家持有的國有股，有由企業、法人持有的法人股。能夠上市流通的只有我們能在股票市場上買到的流通股。

倫敦城（City of London）是一個城市。

經濟大師怎解：

（錯）

　　倫敦城又稱西堤區或倫敦金融城，是英國大倫敦地區的中心區，它是英國工商業和金融中心。英國的大銀行和許多組織總部都集中在這裡。

中國是世界上最早使用紙幣的國家，歷史上最早使用的紙幣是元代的「中統鈔」。

經濟大師怎解：

（錯）
歷史上最早使用的紙幣是北宋的「交子」。

 牛市是指股票市場前景看好，股價節節上升，像牛抬著頭向前衝頂。牛市也叫空頭市場。

經濟大師怎解：

（錯）
　　牛市也叫多頭市場。與牛市相對應的是熊市，熊市是指股票市場前景暗淡，股價不斷向下跌，像熊低著頭慢慢向前走一樣。熊市也叫空頭市場。

在商店裡，大部分商品售價都有尾數，比如 299 元，而不是 300 元，請問商店為什麼這樣定價？

A. 因為消費者心理因素

B. 因為實物值這個價錢

C. 因為大家都這樣定價

經濟大師怎解：

（A）

　　這種定價方式我們稱之為尾數定價，又稱零頭定價，企業針對的是消費者的心理，在商品定價時故意定一個與整數有一定差額的價格。這種定價策略具有強烈的刺激心理。尾數定價法會讓消費者感覺到這是經過精確計算的最低價格；有時也可以讓消費者感覺這是原價打了折扣之後商品變便宜的感覺。同時，顧客在等候找零期間，還可能會繼續發現其他想要的商品，並繼續購買。

股份有限公司的「有限」是指下列哪一項？

A. 股份數量有限

B. 股東數量有限

C. 股東責任有限

經濟大師怎解：

（C）

也就是股東對公司的債務履行到股本賠光為止。

供大於求的市場被稱為什麼？

A. 買方市場

B. 賣方市場

C. 過剩市場

經濟大師怎解：

（A）

所謂「買方市場」，就是市場上多數商品呈現供過於求的狀態，商品交換的主動權掌握在購買者手中。反之，「賣方市場」就是市場上多數商品呈現供給不足的狀態，這時商品交換的主動權就掌握在出售者手中。

所謂小康社會是一種介於温飽和富裕之間的生活型態。不過，「小康」並不是一個新詞，它最早出自哪裡？

A. 《詩經》

B. 《論語》

C. 《禮記》

經濟大師怎解：

（C）

《禮記》相傳是西漢戴聖編纂，「小康」見於《禮運》，意義相對於「大同」。

股票是一種有價證券，以下哪一項不是股票的基本特徵：

A. 風險性

B. 期限性

C. 流通性

經濟大師怎解：

（B）

股票既然是上市公司發給股東作為已投資入股的證書與索取股息的憑證，像一般商品一樣，有價格、能買賣、可以用作抵押品。公司行號藉由股票上市來籌集資金，而投資者也可以透過購買股票獲取一定的股息收入。股票的基本特徵之一就是其時間性：如果沒有賣掉股票，就是一項無確定期限的投資。

恩格爾係數（Engel's Coefficient）是用來衡量一個國家或地區的：

A. 一段時間內股票漲跌的程度

B. 性別比率

C. 居民的富裕程度

經濟大師怎解：

（C）

1817 年，德國統計學家恩格爾利用居民食品支出占總收入的比例來衡量居民的富裕程度，後來這個比例值就被命名為恩格爾係數。

世界上面積最大的紙幣是用什麼原料製成的？

A. 樹葉

B. 樹皮

C. 竹片

D. 帛布

經濟大師怎解：

（B）

　　世界上實體面積最大的紙幣始於明洪武八年（西元 1375 年），當時明朝戶部用桑樹皮紙印製的「大明通行寶鈔」，其票幅面積為 13cm × 22cm，為世界上最大的紙幣。

世界上面積最小的紙幣面值多少？

A. 一分

B. 五分

C. 一角

D. 一塊

經濟大師怎解：

（A）

中華民國 12 年（1923 年）3 月，浙江地方銀行發行了面值為 1 分的輔幣，其票幅面積只有 5cm × 2.5cm，為世界上最小的紙幣。

歐元是 1999 年 1 月 1 日開始啟用的貨幣，紙幣共有 7 種面額，請問是以下哪 7 款？

A. 200 元、100 元、50 元、20 元、10 元、5 元和 1 元

B. 500 元、200 元、100 元、50 元、20 元、10 元和 5 元

C. 1000 元、100 元、50 元、20 元、10 元、5 元和 1 元

D. 5000 元、1000 元、100 元、50 元、20 元、10 元和 5 元

經濟大師怎解：

（B）

歐元是歐盟會員國的基本貨幣單位。2002 年 1 月 1 日正式在歐洲使用。國際標準組織的 ISO 4217 標準代碼是 EUR。歐盟會員國有愛爾蘭、奧地利、比利時、德國、法國、芬蘭、荷蘭、盧森堡、葡萄牙、西班牙、希臘、義大利…等。

什麼叫利空？

經濟大師怎解：
利空是指市場上出現刺激股價下降的消息。

教育只是一種消費行為嗎？

經濟大師怎解：
　　不是。教育不單純是一種消費和福利活動，而是一種潛在的生產活動，是生產力的積蓄。教育投資是未來經濟增長的最大助力之一。根據經濟學家的研究，人力資本的收益對經濟增長所做的貢獻，比廠房設備等物質資本要大。

什麼叫「財政赤字」，為什麼叫「赤字」？

經濟大師怎解：
財政赤字即預算赤字，指財政年度預算中支出大於收入

的差額。這個差額在會計上習慣用紅字表示，所以叫財政「赤字」。

保險公司能買保險嗎？

經濟大師怎解：

能。保險公司買保險的做法，被稱為「再保險」或「分保」。為了保障不致因意外而出現過大虧損，保險公司把自己承保業務的一部分劃分到別的公司。另外，按照部分資本主義國家的規定，保險公司合法經營的業務量必需受本身資本額的限制。採用分保的方式，就可以在不增資的情況下，增加業務數量。

i-smart

智學堂

智慧是學習的殿堂

★ 親愛的讀者您好，感謝您購買 知識百科開心問答 這本書！

為了提供您更好的服務品質，請務必填寫回函資料後寄回，
我們將贈送您一本好書（隨機選贈）及生日當月購書優惠，
您的意見與建議是我們不斷進步的目標，智學堂文化再一次
感謝您的支持！
想知道更多更即時的訊息，請搜尋"永續圖書粉絲團"

您也可以使用以下傳真電話或是掃描圖檔寄回本公司電子信箱，謝謝！

傳真電話：　　　　　　　　　電子信箱：
（02）8647-3660　　　　　　yungjiuh@ms45.hinet.net

姓名：_____ ○先生　生日：_____ 電話：_____
　　　　　　　　　　○小姐

地址：_____

E-mail：_____

購買地點（店名）：_____ 購買金額：_____

職　　業：○學生　○大眾傳播　○自由業　○資訊業　○金融業　○服務業　○教職
　　　　　○軍警　○製造業　○公職　○其他 _____

教育程度：○高中以下（含高中）　　○大學、專科　　○研究所以上

您對本書的意見：☆內容　　　　　○符合期待　○普通　○尚改進　○不符合期待
　　　　　　　　☆排版　　　　　○符合期待　○普通　○尚改進　○不符合期待
　　　　　　　　☆文字閱讀　　　○符合期待　○普通　○尚改進　○不符合期待
　　　　　　　　☆封面設計　　　○符合期待　○普通　○尚改進　○不符合期待
　　　　　　　　☆印刷品質　　　○符合期待　○普通　○尚改進　○不符合期待

您的寶貴建議：